한반도의 평화를 위한
6·15의 해법

한반도의 평화를 위한
6·15의 해법

박명림 편

연세대학교 대학출판문화원

서 문

한반도 평화의 문제는 이제 아시아를 넘어 전 세계가 주목하고 있습니다. 지난 2년간 남북정상회담에 이어 사상 최초의 북미정상회담까지 성사되면서 한반도 평화의 대전환 흐름에 전 세계의 이목이 집중되었습니다. 2019년은 다른 어느 해보다도 한반도 평화를 달성하기 위해서 남북관계 뿐만 아니라 미국, 중국, 러시아, 일본 등 주요국들과의 외교가 중요한 시험대에 올랐습니다.

한반도의 평화는 동북아 국가들의 화해와 평화 속에서 이뤄질 수 있습니다. 그만큼 현재 우리에게 냉철한 현실 분석과 국제적 외교역량은 한반도 평화의 길을 내딛기 위해서 절실합니다. 보편적인 평화 원칙을 고수하면서도 첨예한 국가 간 갈등에서 실리외교를 펼쳐온 김대중 대통령의 노력은 한반도에서의 적극적 평화를 달성하기 위한 열정과 지혜의 산물이었습니다. 위기를 기회로 전환시킬 수 있는 해법은, 평화에 대한 믿음과 철학을 바탕으로 이해관계로 점철된 국제질서 속에서 능숙한 전략을 통해 상호 호혜와 공존의 길을 모색하는 것입니다.

지금 우리에게는 남북관계 뿐만 아니라 미국, 중국, 러시아, 일본의 4국과의 평화 외교를 진전시키는 일이 무엇보다 중대한 과제로 떠올랐습니다. 북미 관계와 미중 관계에서 갈등이 고조되면서 지난 2년간 심혈을 기울인 공고한 한반도 비핵 평화에의 희망에 다시금 난관이 드리워졌습니다. 한일 관계는 2018년 강제징용 대법원 판결 이후 일본의 경제보복,

그리고 한일군사정보보호협정(지소미아) 파동에 이르기까지 악화와 교착을 반복하고 있습니다.

이러한 국제정세 속에서 이 책은 국내 전문가들이 김대중 대통령이 펼친 평화의 원칙과 실리외교 정책들을 반추하면서 다시금 한반도의 평화를 모색하기 위한 해법들을 다각도로 제시하고자 합니다.

제1부 〈한반도 평화를 위한 김대중 대통령의 인식과 실천〉에서는 김대중 대통령의 평화사상을 검토하고 그가 펼친 평화외교의 현재적 함의에 대해서 숙고하였습니다. 1장에서는 김대중 대통령의 평화·인권·민주주의에 대한 원칙이 그의 통찰력 있는 역사의식과 평화관에 뿌리내리고 있음을 고찰하였습니다. 2장은 이러한 평화사상에 기반한 김대중 대통령의 평화외교가 실사구시와 균형외교를 더한 것으로서 규칙을 지키면서도 유연성을 동시에 발휘할 수 있었음을 분석하였습니다.

제2부 〈한반도 평화 정착을 위한 국제외교〉에서는 현재 당면한 미국, 중국, 러시아, 일본 4국과의 외교 현황을 진단하고 양자 간의 관계 뿐만 아니라 한반도 및 동북아 평화를 위해서 나아갈 길을 모색하고자 하였습니다. 2부의 각 장들은 각 국가별 외교 전문가들이 냉엄한 분석과 미래지향적 해법들을 제시하면서 독창적이고 성찰적인 내용으로 구성되어 있습니다.

제3부 〈남북 화해와 관계 발전을 위한 경제, 사회, 문화 교류〉에서는 남북교류의 물꼬를 텄던 이산가족 상봉에서부터 금강산 관광과 개성공단의 실리적 가치와 재개 가능성에 대해서 조심스럽게 논의하였습니다. 또한 서울시의 남북교류협력의 노력을 통해서 중앙정부 뿐만 아니라 지자체 차원에서의 활동이 얼마나 중요한 것인지 중요성을 환기시켰습니다.

김대중 대통령은 6.15남북정상회담을 통해 한반도 내 남북 간 화해와 교류 협력을 실천하면서 다른 한편으로는 주변국들의 참여를 이끌어, 동북아 평화에 기반한 한반도평화프로세스를 추진하였습니다. 매우 어려워지는 한반도 주변 정세의 급변 속에서도 중심과 균형을 잃지 않고 평화를 추구해온 구심점으로서의 6.15남북정상회담의 정신을 소중히 기리며, 지혜와 인내를 모아 한반도 평화를 위해 더욱 매진해나가야 할 소명을 다시금 새겨봅니다.

2019년 12월

연세대학교 김대중도서관장 **박명림**

차 례

제1부

한반도 평화를 위한 김대중 대통령의 인식과 실천

김대중의 평화사상

최영태 | 전남대학교 사학과 교수

1. 머리말

국어사전에서는 평화를 '평온하고 화목함'이라고 정의내리고 있다. 유학(儒學)에서 평화는 국가 간의 전쟁이든 내란이든 아무런 쟁투가 일어나지 않고, 사람들 사이에 화합의 분위기가 조성된 '태평세월'의 상태를 말한다. 여기서 평(平)은 쟁투를 평정하고 안정된 상태를 이루었음을 뜻하고, 화(和)는 쟁투는 물론 사소한 갈등조차도 일어나지 않도록 대립마저도 없어졌다는 뜻으로 사용한다.

평화에 대한 이런 해석은 곧 평화가 전쟁과 대립되는 개념 이상으로 광범위한 의미를 가지고 있음을 말한다. 이러한 해석은 루소(J. J. Rousseau)의 평화관에 의해 뒷받침된다. 루소는 평화를 국가 간의 관계나 국제정치의 차원에서만이 아닌, 국내체제와의 관련성속에서도 파악하였다. 그의 사회계약론은 국내의 억압적인 체제로부터 시민을 해방하는 해법을 제시하기 위해 쓴 것이었다. 또 요한 갈퉁(Johan Galtung)은 평화라는 개념을 전쟁뿐만 아니라 폭력이 없는 상태로 규정하고 인간으로서의 권리와 필요성을 충족시켜주는 것이 평화의 중요한 요소라는 주장을 펼쳤다(정상모, 2002: 139~168).

동방정책의 추진자인 전 서독 총리 빌리 브란트(Willy Brandt)는 평화를 언급할 때 그 범위를 단순히 긴장을 완화하고 군축을 단행하는 데에 한정하지 않았다. 브란트는 굶주림 역시 전쟁과 마찬가지이며 평화의 부재라고 생각했다. 브란트에게 진정한 평화란 전쟁으로부터의 해방일 뿐만 아니라 일상적 삶을 풍족하게 해 주는 것이었다. 그는 또 평화와 화해정책이란 서로 간에 상대방에 대한 두려움을 줄이는 것이며, 몇 년 동안 서로 볼 수 없었던 사람들을 서로 만나게 하는 것이고, 더 나아가 사랑하는 사람끼리 결혼도 하게 하는 것이라고 설명했다(최영태, 2018: 45-51).

대한민국 국민들은 1945년 해방과 1948년 독립된 국가를 수립한 후에도 끊임없이 평화를 위협받았다. 김구·여운형 등의 암살, 조봉암·조용수·인혁당 인사들의 사형, 6·25 전쟁에 의한 수백만 명의 희생, 4.3 항쟁과 5.18 광주항쟁 과정에서의 피해, 유신체제·전두환 체제의 억압정치 하에서의 피해 등 인권과 평화를 위협하는 사건들이 수없이 많이 발생했다. 그런데 이들 대부분의 사건은 남북 분단과 함께 출현한 과도한 반공 이데올로기와, 이를 악용한 극우 및 독재 세력들의 인권 탄압행위에 의해 발생했다. 이처럼 민주주의, 인권, 남북화해와 협력 문제는 각자 별개가 아니라 유기체처럼 긴밀하게 연결되어 있음을 말해 준다.

김대중 전 대통령의 삶은 민주주의와 인권 신장 그리고 남북 분단 극복을 위한 것이었다. 이 과정에서 그는 여러 차례 생명의 위협을 느꼈고 자유를 억압받았다. 하지만 그는 그런 도전에 굴하지 않았고 2008년 85세의 나이로 세상을 뜰 때까지 일관되게 민주주의와 한반도 평화를 위해 헌신했다. 또 그의 삶은 1997년 대선 승리를 통해 수평적 정권교체와 절차적 민주주의의 공고화에 기여하였으며, 2000년 남북정상회담을 통해 한반도 평화 증진에 기여하였다. 그는 또 IMF 조기 극복과 기초생활보장제 도입 등 국민들의 경제적 복지를 위해 노력했다.

이런 점에서 김대중의 평화 사상은 남북 문제만이 아니라 민주화 운동, 대중경제론과 복지 정책 등 그의 삶 전반에 걸친 연구를 통해 살펴야 한다. 그러나 이 글에서는 학술회의 주제의 성격에 충실하기 위해 평화 사상의 범위를 남북 간의 화해와 한반도 평화를 위한 노력에 한정하여 서술하도록 하겠다.

2. 젊은 시절 체득한 평화·통일관

1945년 미·소가 한반도를 우리의 의지와 상관없이 남북으로 갈라놓았다. 우리 민족은 한말에 이어 다시 한 번 약소국의 비애를 느껴야 했다. 그런데 더욱 슬픈 것은 지도자 대부분이 외세가 갈라놓은 한반도를 어떻게든 하나로 유지시키려는 노력보다는 오히려 이념투쟁과 분단 고착화에 앞장섰다는 사실이다. 김대중은 이런 현실을 한탄했다. "일본에게 그렇게 당하고 이제 겨우 해방이 되었는데 이제 우리끼리 싸우다니 말이 되는가. 조금씩 양보하여 타협할 수는 없는가. 이렇게 싸우면 분단의 길로 가는데…"(김대중, 2010: 58)

김대중이 여운형이 이끈 건국준비위원회(건준)에 가담하고 김구를 존경한 것은 비록 두 사람이 정치적 노선에서 차이를 보였지만 크게 보아 단일 국가 건설에 매진했기 때문이다. 그런데 김대중은 두 사람을 좋아하고 존경했지만 그들의 정치노선 및 통일 노력 방식을 무조건 지지하지는 않았다. 그는 공산주의와 분명하게 선을 그었고 신탁통치에 대해서는 반대하면서도 그것이 시한부이기 때문에 필요하면 수용하는 것도 괜찮다는 입장이었다. 이 문제를 놓고 미국과 소련 편으로 나뉘어 극단적으로 대립하기 보다는 굴욕적이긴 해도 신탁통치를 받으며 하나로 뭉쳐 후일을 도모하는 것이 나을 수 있다는 생각을 한 것이다. 여기서 발견할 수 있는 김대중의 사상은 두 가지이다. 하나는 단일 민족 국가 건설에 대한 강한 의지이고, 둘째는 이 목표를 달성하는 방식으로서의 유연성 즉 실용주의 노선이다. 그의 '서생적 문제의식'은 민주주의 및 평화통일을 위해 헌신하게 했지만 그의 또 다른 행동철학인 '상인적 현실감각'은 정치와 외교문제에서 실용주의적 입장을 견지하게 했다. 그의 이런 유연한 사고가 통일운동이 갖는 위험성에도 불구하고 김구나 여운형, 조봉암과 달리 죽음을 면하고, 더 나아가 대통령의 자리에 까지 오를 수 있게 했다.

김대중이 전쟁을 직접 체험한 것은 6.25 전쟁 때였다. 그는 1950년 6.25전쟁이 발발했을 때 서울 출장 중이었다. 그는 서울을 탈출하여 20여일 만에 도보로 목포에 도착했다. 그가 목포에 도착했을 때 그의 집은 역산 가옥으로 지목되어 인민군에게 징발당한 상태였다. 그는 인민군들에게 끌려갔고, 목포형무소(현재 목포감옥)에 수감되었다. 인민군은 인천상륙작전으로 퇴각할 상황이 되자 형무소에 수감 중인 사람들을 다수 처형했다. 그러나 다행스럽게도 인민군들은 시간에 쫓겨 모두 처형하지 못한 채 철수했고, 덕분에 김대중은 운 좋게 목숨을 건질 수 있었다. 그는 경비가 허술해진 틈을 타 다른 수감자들과 함께 교도소를 탈출했다. 그는 이 사건을 통해 전쟁의 비참함을 경험했고, 공산당에 대한 거부감을 강하게 느꼈다. 그가 평생 민족의 화해와 전쟁이 없는 세상을 꿈꾼 데는 전쟁 중 겪은 생사를 넘나드는 처절한 경험이 큰 영향을 미쳤다.

3. 롤 모델로서 브란트의 동방정책

김대중의 평화사상에 큰 영향을 미친 사람은 동방정책을 펼친 빌리 브란트였다. 브란트는 독일사회민주당(SPD) 출신 정치인으로서 1969년부터 1974년까지 서독 총리로 재임하는 동안 '동방정책(Ost Politik)'을 펼쳐 동서독 간의 관계개선 및 동유럽과의 관계정상화 등 냉전체제의 해소에 기여했다. 브란트는 독일의 통일은 유럽의 평화 속에서만 가능하며 독일 통일 역시 유럽의 평화에 기여하는 방향에서 추진되어야 한다고 주장했다. 그는 기민당 정권의 정책을 계승하여 서유럽 국가들과의 관계를 돈독히 하면서 동시에 동유럽 공산권 국가들과의 관계개선에 적극 나섰다. 그는 총리 재임 기간에 소련·폴란드·체코슬로바키아 등과 외교관계를 강화 내지 정상화했다. 그는 유럽에 미합중국과 같은 유럽공동체 건설을 희망했다. 또 브란트는 동독 봉쇄정책을 펼쳤던 기민당 정권과는 달리 동독을 사실상의 국가로 인정했다. 브란트는 당 시대 지도자들이 해야 할 가장 시급한 민족적 과제는 장벽과 철책으로 격리된 독일인들의 고통을 완화시켜 주는 것이라고 주장했다. 브란트는 동독이라는 국가가 실제로 존재한다는 사실을 인정하고, 그 토대 위에서 동서독 간의 인적·물적 교류를 증진시켜 같은 민족 구성원으로서 동질감을 유지하게 만들고 통일에 대한 염원이 계속 살아있게 하는 것이 현실적 대안이라고 말했다. 그는 동서독인들이 교류·협력하고 민족동질성을 유지해나가면 사실상 '절반의 통일'은 달성된 것이나 다름없다고 주장했다(최영태, 2018: 12). 그는 동서독 간 기본 조약(1972)을 체결하고 상호 간에 대표부를 교환, 설치하는 등 양독 간의 관계를 획기적으로 개선했다. 그는 동서독 간의 관계개선 및 유럽 평화에 기여한 공적으로 1971년 노벨평화상을 수상했다.

김대중은 브란트가 기민당·사민당 대연정 하에서 서독의 외무장관을 맡았던 1966년부터 서독의 외교정책에 주목하기 시작했다. 김대중은 1966년 국회 대정부 질의에서 북한의 폐쇄적 태도와 상황을 비난함과 동시에 우리 정부의 통일정책도 비판했다. 그는 이 때 그의 발언의 주요 논거를 서독의 사례에서 찾았다. 그는 독일의 국토가 분단되고, 또 동독에 소련군이 진주하고 있어서 통일의 가능성이 매우 희박하지만 그래도 통일 논의를 활발하게 하고 있다고 소개하고, 우리도 통일 문제를 개방적으로 논의하고 해야 한다고 주장했다. 김대중은 또 서독이 공산국가 루마니아와 외교관계를 수립하기로 하는 등 할슈타인 원칙(Halstein Doctrine)을 포기하는 추세라고 지적하면서 우리나라도 외교정책의 변화를 모색해야 한다고 주장했다(김대중, 1993: 22~31).[1]

김대중은 1971년 대통령 선거에 출마했을 때, 미국을 방문하여 워싱턴 내셔널프레스클럽에서 기자회견을 했다. 그는 이 자리에서 내외신 기자들에게 "무력 포기에 따른 남북 긴장 완화, 비군사적인 기자·서신·체육 등의 교류, 정치 및 경제적 교류의 시도 등 3단계의 기초를 닦겠다"고 말했다. 그는 이 기자회견 때 빌리 브란트 수상의 동방정책을 지지하고 공감한다는 말도 했다.[2] 그는 대통령 선거에서 4대국 안전보장론 등을 주장했다. 김대중이 4대국 안전보장론을 펼칠 당시 미국·영국·프랑스·소련 등 독일 주변 4대 강국은 베를린 협정을 준비하고 있었다. 김대중은

1 "통일논의를 용공으로 몰지 마라" (1966.7.1. 국회본회의 대정부 질의). 김대중이 이 발언을 할 당시 서독은 루마니아와 외교관계를 수립하기로 결정했지만 발효시점은 1967년 1월 1일이었다.

2 김대중의 기조강연문. "빌리 브란트와 나, '동방정책'과 '햇볕정책'" 동아시아 공동의 역사인식 그리고 평화와 민주주의 번영을 위한 국제학술회의 (유럽통합과 독일의 분단·통일 경험에 비추어 본 한국의 통일과제와 동아시아 공동체 구상). 2019년 5월 21일.

1972년 3월 11일 서울 수운회관에서 개최한 연설에서 그가 독일에 가서 브란트 정부의 내독성 장관과 차관을 만나 4시간에 걸쳐 많은 대화를 나누었다고 전하고, 미·소·영·프가 체결한 '베를린 협정'에 대해 자세히 언급했다. 그는 서독이 동유럽 국가들과 관계개선을 하는 것처럼 우리도 중공 및 소련과의 관계 개선이 필요하다고 말하고, 자신이 1971년 대통령 선거 때 주장한 '4대국보장론'의 당위성을 다시 상기시켰다(김대중, 1993: 62-63).

김대중은 1972년 6월 6일 흥사단 강당에서 있었던 강연에서 브란트의 동방정책에 대해 구체적으로 설명했다. 그는 브란트가 독일의 분단을 시인하고 동독 쪽에 있는 폴란드와 그 국경도 인정했으며 반항구적으로 독일의 통일을 포기한 것 같은 입장을 취했다고 말하면서 다음과 같이 언급했다.

"이렇게 이 사람들은 일단 현 단계에서 통일을 포기했지만 그 대신 무엇을 노리고 있느냐, 동독을 그대로 인정하고 준 국가적인 관계를 유지하면서 동독하고 교류를 확대해 나가면 결국 독일 민족끼리 서로 막혔던 길이 터져가지고 같은 민족끼리 자주 만나고, 서로 동질성이 형성되고, 서로 자꾸 교류가 되고, 이렇게 해서 어느 시기에 가 가지고 독일 민족끼리 통일하겠다는 것은 그것은 어느 누구도 막지 못한다, 이거예요."(김대중, 1993: 97)

김대중은 "공산주의라는 것도 결국 서로 부딪치고, 특히 자유세계와의 접촉을 통해서 자유의 바람이 들어가면 크게 변화하는 것"이라면서, "우리가 두려워하지 않고 자신을 가지고 공산주의와 부딪쳐 가면, 우리의 자유의 바람이 북한으로 불어가게 돼 북한을 변화시킬 수도 있다"고 주장했다.

김대중은 1972년 '7.4 남북공동성명'이 발표된 직후 서울외신기자클럽 연설에서 3단계 통일론에 대해서 설명했다. 그가 소개한 3단계 통일론의 1단계는 전쟁억제, 긴장완화 단계이다. 2단계 통일운동은 남북 간의 교류 확대이다. 마지막 3단계는 정치적 통일로써 지금 당장 구체적 통일방안에 대해 얘기하는 것은 현명하지 못하며, 1단계, 2단계 과정을 거치면서 남북이 서로 간에 국민의 의견을 들으면서 논의해도 늦지 않다고 주장했다(김대중, 1993: 66-67; 150-151).

이상과 같이 김대중이 1970년대 초까지 행한 발언 내용으로 볼 때 햇볕정책의 골격은 이미 1970년대 초에 형성되었다고 본다. 또한 그가 햇볕정책을 내놓기까지 통일정책을 가다듬어온 과정을 살펴볼 때 햇볕정책은 브란트의 동방정책으로부터 큰 영향을 받았음이 틀림없다. 브란트의 동방정책은 햇볕정책의 롤 모델(role model)이었다.

4. 평화사상의 실현

김대중은 1995년 자신의 통일정책을 체계화한 저서 『김대중의 3단계 통일론』을 출간했다. 그는 3단계 통일론에서 통일의 3대 원칙으로 자주, 평화, 그리고 민주의 원칙을 제시하였다. 1972년 제시한 통일의 3대 원칙 중 자유를 민주 속에 통합시키고 대신 자주를 추가한 것이 특징이다. 3단계 통일론의 1단계는 남북연합 단계이다. 이 단계의 임무는 평화공존·평화교류·평화통일의 3대 강령을 실현하는 데 있다. 2단계 연방에서는 외교와 국방 그리고 주요 내정이 연방정부에 귀속된다. 그 밖의 일차적인 내정에 대해서는 남북한이 각각 지역자치정부의 입장에서 따로따로 관리하게 된다. 3단계 통일론에서 연방 단계를 설정한 이유는 분단 이후 진행되어온 남북의 경제발전 단계의 격차와 정치·사회·문화적 이질성 등을 고려하여 체제 통합의 충격을 완화하고, 북한의 특수성과 북한 주민의 자존을 고려하여 지역자치정부를 인정하며, 연방정부가 북한 지역을 일정 기간 특별 지원해야 할 필요성이 있기 때문이다. 3단계 통일론은 남북연합 단계로부터 연방제 통일 형태를 거쳐 중앙집권제 또는 여러 개의 지역자치정부들을 포함하는 미국·독일식 연방제를 통일의 완성 단계로 설정하고 있다.

김대중은 1997년 12월 대선에서 네 번의 도전 끝에 제15대 대통령에 당선되었다. 그는 대통령에 당선됨으로써 30여 년 동안 준비해 온 통일론을 실천할 기회를 맞이했다. 그가 대통령 재임 중 역점을 두어 실천하려 한 것은 3단계 통일론의 첫 번째 단계인 남북연합, 그 중에서도 첫 번째 평화공존과 두 번째 평화교류였다. 세 번째 강령인 평화통일은 미래의 과제로 남겨놓았다.

김대중 대통령과 김정일 북한 국방위원장은 2000년 6월 13일부터 15일까지 평양에서 역사적인 남북정상회담을 가졌다. 분단 55년 만에 남북의 최고위급회담이 개최되었다. 이 회담에서 남북은 통일문제를 자주적으로 해결하며, 남측의 연합제안과 북측의 낮은 단계의 연방제안의 공통성을 발견하고, 이산가족의 재해 등 인도적 문제를 풀어 나가며, 경제 등 제반 분야의 협력과 교류를 활성화하여 서로 신뢰를 도모한다고 합의했다. 6.15 남북공동선언의 내용 중에는 김대중이 대통령이 되기 전 주장했던 '3단계 통일론'의 첫 번째 단계에 해당되는 내용들이 대부분 포함되어 있다. 실제로 이산가족의 재회와 경제협력 등은 김대중 정부 때 활발하게 추진되었으며 노무현 정부에 의해 계승되었다.

독일은 1990년 통일 후 20여년 이상 동안 많은 후유증을 앓았다. 통일된 첫 해에 통일 독일이 동독 지역에 투자한 돈은 서독정부 한 해 예산의 약 1/4이었다. 통일 독일은 지난 20여 년 동안 옛 동독 지역을 재건하는 데 2조 유로 이상을 투자했다. 이 과정에서 한 때 독일 경제 전체가 흔들린 적도 있었다. 이 기간 동안 옛 서독인들은 동독 지역의 재건을 비롯한 막대한 통일비용과 그에 따른 경제적 어려움에 불평을 늘어놓았고, 옛 동독인들은 서독인들이 자신들을 2등 국민 취급한다고 불평했다

김대중은 통일 후 독일의 이런 모습을 눈여겨보았다. 그는 통일 후 브란트 전 총리와 폰 바이체커(Richard von Weizäcker) 독일 대통령을 여러 차례 만나 독일 통일 과정과 한반도 통일에 대한 조언을 들었다. 두 사람 모두 김대중에게 한국은 독일식으로 통일하지 말라고 당부했다. 바이체커는 1991년 10월 독일에서 김대중을 만났을 때 “베를린 장벽은 무너졌지만 마음의 장벽은 무너지지 않았다”고 말했고, 브란트는 “우리는 동독으로부터 일어난 불의의 사태로 인해서 조속한 흡수통일을 했지만 한국은 반드시 평화적이고 점진적인 통일을 추진하시오”라고 조언했다.[3] 1995년의 3단계 통일안과 햇볕정책은 이런 조언들이 반영되어 최종 완성되었다.

햇볕정책이 시행된 후 남북관계에 큰 진전이 있었다. 현대그룹이 주도하여 1998년 11월 18일 개시된 금강산 관광은 햇볕정책의 가장 구체적인 첫 번째 결실이었다. 금강산 관광이 시작된 지 7년 7개월째인 2005년

---

3 김대중의 기조강연문. “빌리 브란트와 나, ‘동방정책’과 ‘햇볕정책’” 동아시아 공동의 역사인식 그리고 평화와 민주주의 번영을 위한 국제학술회의 (유럽통합과 독일의 분단·통일 경험에 비추어 본 한국의 통일과제와 동아시아 공동체 구상). 2019년 5월 21일.

6월까지 관광객이 100만 명을 돌파하였다. 2000년 남북정상회담 후 남북 간의 인적교류에도 가속도가 붙었다. 이산가족 상봉이 이루어지고, 언론인, 학자, 시민단체, 정치인 등 다양한 사람들이 다양한 채널로 남북교류사업을 진행했다.

2000년 9월 15일부터 하계올림픽이 호주 시드니에서 열렸다. 개막식 때 남과 북의 선수단은 한반도기를 앞세우고 사상 처음 동시 입장했다. 개막식장에는 아리랑이 울려 퍼졌다. 지구상에 마지막 남은 분단국의 동시 입장은 개막식 최대의 관심사였다. 그 후에도 국제대회에서 남북한 선수단 동시입장은 계속되었다. 2018년 자카르타-팔렘방 아시안게임과 평창 동계올림픽 때는 남북한 단일팀도 구성되었다. 자카르타 아시안게임에서 남북한 단일팀(COR, Unified Korea)은 금메달 1개, 은메달 1개 동메달 2개를 획득하면서 종합 28위를 차지했다〈한국(KOR) 3위, 북한(PRK) 10위〉. 메달 시상식장에는 한반도기가 올라갔고, 아리랑이 울려 퍼졌다. 한반도기를 국기로 하고 아리랑을 국가로 하는 '제3코리아'가 출현한 것이다. 스포츠 분야에서 사실상 '절반의 통일'을 이룰 가능성이 엿보였다.

남북교류협력의 대표적인 사례는 1998년 시작된 금강산 관광과 2000년 8월 9일 남쪽의 현대 아산과 북쪽이 합의한 개성공단 사업이다. 2002년 11월 북한이 '개성공업지구법'을 공포하여 구체적 실행단계에 들어간 개성공단 조성사업은 남측의 자본과 기술, 북측의 토지와 인력이 결합하여 공존공영의 기틀을 다진 역사적인 사업이다. 정주영 현대그룹 명예회장은 개성공단 사업이 계획대로 진행될 경우 개성공단에서 일할 북한 노동자들의 숫자가 35만 명에 달할 것으로 예측했다. 정주영의 이런 계획을 듣고 김정일 위원장은 개성공단이 완성될 무렵이면 남북이 군축을 할 테니 노동자 조달을 걱정하지 않아도 된다고 답했다(임동원 2015: 356-358). 금강산 특구나 개성공단은 경제 분야에서 사실상 남북연합의 단계에 진입한 것이나 마찬가지 의미를 지닌다.

서독은 동독에 많은 경제적 지원을 했는데 그 내용을 보면 서베를린-함부르크를 연결하는 고속도로 건설 외에는 그 방식이 주로 현금과 차관 그리고 현물 공여의 형식이었다. 1990년 독일 통일 때 동독 경제는 완전 붕괴되었고 통일 독일은 옛 동독 지역 재건에 막대한 재원을 투여해야 했다. 반면에 남한은 현금과 식량뿐만 아니라 금강산 특구 개발, 개성공단 개발 등 자본투자를 통한 북한의 관광 및 산업 인프라 구축에 큰 비중을 두었다. 또 이 과정을 통해 남한의 자본·기술과 북한의 노동력이 결합한 협업 방식을 실험했다. 2007년 노무현 대통령과 김정일 위원장이 합의한 내용에는 북한의 사회간접자본 등에 대한 대대적 투자가 포함되었다. 남한의 대북 사업이 서독의 동독 지원방식보다 훨씬 미래지향적이고 건설적이며 향후 있을지 통일비용을 절감할 수 있는 방법이다.

야당과 보수 언론은 김대중 정부가 왜 북한의 인권 문제에 대해서는 입을 다물고 있느냐고 비판했다. 김대중은 이런 비판에 대해 지금 단계에서 북한의 인권 문제를 거론하는 것은 남북관계에 아무런 도움이 되지 않는다고 생각했다. 오히려 그는 남한이 할 수 있는 현실적인 대안은 북한의 식량난을 덜어주는 등 북한 주민들의 경제적 처지를 개선시켜 주는 것이라고 주장했다. 브란트가 평화의 내용으로 굶주림과 빈곤으로부터 벗어나 경제적 풍요를 누리게 하는 것도 포함된다고 말한 것과 비슷한 취지의 관점이다.

김대중 대통령 재임 중 햇볕정책에 대한 야당과 보수 언론의 반대는 매우 강했다. 대표적인 사례는 임동원 통일부장관에 대한 해임건의안 통과였다. 임동원은 김대중과 함께 햇볕정책의 내용을 구체적으로 다듬고 또 실천한 사람이다. 그는 김대중에게 브란트 옆의 에곤 바르(Egon Bahr)와 같은 존재였다. 그런데 한나라당은 강정구 교수의 만경대 방명록 사건을 이유로 2001년 9월 초 임동원 장관의 해임을 요구했고 김대중이 이 요구를 수용하지 않자 해임건의안을 제출하여 통과시켰다. 이 해임안 통과에 DJP 공동 정부의 일원인 자민련도 합류했다. 이 일로 3년 8개월 동안 지속된 DJP 공동정부가 와해되었다. 이 과정에서 김대중은 임동원(햇볕정책)과 김종필(DJP 공동정부) 중 하나를 선택하도록 강요받았다. 평상시 실용주의적 경향이 강했던 김대중이었지만 이 선택 앞에서 그는 임동원(햇볕정책)을 선택했다. 이 사건은 김대중이 민족문제와 한반도의 평화를 국내정치보다 우위에 두었음을 보여 준 단적인 사례였다.

김영삼 대통령은 대통령 취임사에서 '피는 물보다 진하다'고 말했지만 실제 정치에서는 대북 강경론을 고수했다. 노무현 대통령은 햇볕정책의 정신을 계승하면서도 대북송금특검을 받아들여 남북정상회담에 앞장 선 사람들을 교도소에 가게 했다. 두 사례는 김영삼과 노무현이 국내정치를 민족문제보다 우선순위로 생각한 결과였다. 실제로 위험부담이 많고 변동성이 큰 남북문제에 대하여 김대중처럼 일관되게 평화주의적 태도를 취하기는 쉽지 않다. 김대중의 평화사상은 그가 젊은 시절부터 삶과 죽음의 경계선을 여러 차례 드나든 특별한 체험과 민족 및 평화문제에 대한 확고한 철학이 뒷받침되었기 때문에 가능한 일이었다.

김대중은 1971년 4대국 안전보장론을 내세웠다. 그는 대통령에 취임한 후 미국·중국·러시아·일본 등 4대 강국을 차례로 순방하면서 이들 국가들과의 우호관계를 증진시켰고 이들 국가들로부터 햇볕정책에 대한 지지를 획득했다. 그가 한반도 주변 국가들과의 관계 개선에 심혈을 기울인 것은 단순한 친선 외교적 차원을 넘어섰다. 동북아 지역의 평화 속에서 한반도 평화를 모색하고, 또 역으로 한반도의 평화를 통해 동북아 및 세계의 평화에 기여해야 한다는 신념에 다른 것이었다. 물론 그는 남북관계의 진전은 경제적 측면에서도 동북아 지역의 번영에 크게 기여할 것이라고 역설했다.

5. 맺음말

김대중은 통일에 대한 강력한 의지를 갖고 있었지만 통일 지상주의자는 아니었다. 그가 통일의 3대 원칙으로 자주와 더불어 평화와 민주적 방식을 강조한 것이라든가 '선민주 후통일' 원칙을 견지한 것이 이를 잘 말해 준다. 김대중은 북한이 핵무기를 개발하려는 것은 그것을 제외하고는 북한 체제를 보존할 가능성이 약하다는 극단적 위기의식에서 비롯되었다고 판단했다. 그의 북핵위기 해법은 북한이 핵무기 없이도 체제를 보존할 수 있도록 하는 것이었다. 북·미 관계 개선과 평화협정 체결 그리고 북한의 핵무기 폐기를 주 내용으로 하는 일괄타결론은 이런 배경 하에서 나왔다. 김대중의 처방책은 동독이 베를린 장벽을 설치한 것을 동독의 약점 감추기로 보고, 해법은 동독의 두려움을 완화시켜 주는 방향에서 찾아야 한다고 주장한 브란트의 역사 인식과 맥락을 같이하고 있다(최영태, 2014: 343).

김대중은 남한에 의한 무력통일이나 흡수통일 정책에도 반대했다. 우선 무력통일은 북한의 군사력 수준이나 중국의 존재 때문에 불가능하며, 설령 가능하다고 하더라도 남북한을 가리지 않고 최소한 수백만 명의 희생을 감수하게 될 것인데, 그런 통일이 민족사에 무슨 이익이 되겠느냐고 그는 반문했다. 평화와 유리된 민족의 이익은 존재하지 않는다는 게 김대중의 확고한 생각이었다. 또 김대중은 흡수통일이란 북한의 자연적인 붕괴를 전제로 하는데 북한의 갑작스러운 붕괴는 수백만 명의 북한 지역 실업자들이 월남하여 노동시장의 대혼란을 초래할뿐더러 엄청난 규모의 사회 복지비용을 포함한 통일비용을 야기할 것이다. 또한 남북한 주민간의 사회적·심리적 갈등으로 인해 예상치 못한 통일 후유증에 시달리게 될 수도 있다. 그의 이런 생각은 독일의 통일 전후 과정을 지켜보면서 더욱 굳어졌다. 그가 가장 합리적이라고 주장한 방안은 남과 북이 공존하는 가운데 서로 왕래하고, 돕고, 나누는 과정을 통해 평화통일을 이루는 것이다. 평화공존을 평화통일의 첩경으로 본 것이다.

■ 참고문헌

김대중. 1993. 『후광 김대중 대전집, 3, 통일론집』. 중심서원.

김대중. 1995. 『김대중의 3단계 통일론: 남북연합을 중심으로』. 아태평화재단.

김대중. 2010. 『김대중 자서전 1』. 삼인.

임동원. 2015. 『피스메이커: 남북관계와 북핵문제 25년』, 창비.

정상모. 2002. 『신냉전구도와 평화』. 말.

최영태. 2014. "빌리 브란트와 김대중: 변방인들의 인문적 삶과 분단극복 정책." 『역사학연구』 53.

최영태. 2018. 『독일 통일의 3단계 전개과정』 . 아침이슬.

김대중 대통령의 평화외교: 현재적 함의

백학순 | 세종연구소 소장

1. 서언: 2017년~2018년 연초의 경험과 평화외교의 중요성

본 글은 김대중 대통령이 한반도 냉전구조 해체와 평화정착을 위해 취했던 평화외교의 중심적 과제와 '현재적' 함의를 살펴보기 위한 것이다. 이를 위해서는 2017년~2018년 연초 최악의 상황으로 빠져들었던 북미관계와 한반도에서의 전쟁위협 고조, 그것도 단순한 전쟁위협이 아닌 '핵전쟁위협' 고조의 경험을 돌이켜 볼 필요가 있다. 그 경험을 통해 우리는 한반도 냉전구조 해체와 평화정착을 위한 평화외교의 중요성을 더욱 절실히 느끼게 됐기 때문이다.

2017년 1월 취임한 도날드 트럼프(Donald Trump) 미 대통령은 2개월간의 정책 검토를 통해 그해 4월 14일 "최대의 압력과 개입"(Maximum Pressure and Engagement)을 자신의 대북정책으로서 공식 채택했고[1]

1 Matthew Pennington. "Trump strategy on NKorea: 'Maximum pressure and engagement'" *AP*, April 15, 2017. https://www.apnews.com/86626d21ea2b45c79457a873a747c452.

김정은 위원장은 이에 대항하여 그해 7월 4일과 7월 28일 ICBM급 '화성-14형' 탄도미사일을 연속적으로 시험 발사했다. 트럼프는 8월 8일, 북한이 도발하면, "지금껏 보지 못한 화염과 분노(fire and fury)에 직면하게 될 것"이라고 경고했고,[2] 김정은은 9월 3일에 제6차 핵실험을 통해 수소탄 실험에 성공했다. 트럼프는 9월 19일 유엔총회 연설에서 "미국은 엄청난 힘과 인내가 있지만, 미국과 동맹을 방어해야만 한다면 우리는 북한을 완전히 파괴하는(totally destroy) 것 외에 다른 선택이 없을 것"이라며 "'로켓맨'(Rocket Man, 김정은)이 자신과 그의 정권에 자살 임무를 수행하고 있다"고 직설적인 언어를 사용해 북한을 공격했다.[3]

이에 대응하여 김정은은 9월 21일 북한 역사상 최초로 최고지도자의 '개인명의 성명'을 발표하여 트럼프를 "불장난을 즐기는 불망나니, 깡패", "말귀를 알아듣지 못하고 제 할 소리만 하는 늙다리에게는 행동으로 보여주는 것이 최선", "미국의 늙다리 미치광이를 반드시, 반드시 불로 다스릴 것"이라고 공격했다.[4] 이후 북한 선전매체들은 트럼프를 '미친개', '몽둥이로 사정없이 때려잡아야 할 미치광이', '늙다리 미치광이', '두 발 가진

2 "North Korea best not make any more threats to the United States. They will be met with fire and fury like the world has never seen." Remarks by President Trump Before a Briefing on the Opioid Crisis, Trump National Golf Club, Bedminster, New Jersey, August 8, 2017. https://www.whitehouse.gov/briefings-statements/remarks-president-trump-briefing-opioid-crisis/

3 Remarks by President Trump to the 72nd Session of the United Nations General Assembly, United Nations, New York, New York, September 19, 2017. https://www.whitehouse.gov/briefings-statements/remarks-president-trump-72nd-session-united-nations-general-assembly/

4 김정은. "조선민주주의인민공화국 국무위원회 위원장 성명" 『로동신문』 2017년 9월 22일.

승냥이', '깡패제국' 등의 표현을 사용하면서 위협했다. 그리고 11월 29일에는 잠재적으로 미국본토 전역을 사정권에 넣을 수 있는 신형 ICBM급 '화성-15형' 시험 발사에 성공함으로써(고각발사) 완전히 새로운 차원에서 북미양국 간에 전쟁위협이 고조됐다. 북한의 ICBM급 탄도미사일의 잠재적 능력 과시로 인해 미국의 본토가 잠재적 공격 위협에 처하게 되자, 미국은 군사적 수단의 사용을 위협하면서("Bloody Nose" 작전), 자신의 주도하에 12월 22일 유엔안보리를 통해 역대 최강의 대북제재 결의안 2397호를 채택했다.[5]

2018년 들어 김정은은 신년사에서 "미국 본토 전역이 우리의 핵타격 사정권 안에 있으며 핵단추가 내 사무실 책상 위에 항상 놓여 있다는 것, 이는 결코 위협이 아닌 현실임을 똑바로 알아야"한다고 했다.[6] 그러자 바로 다음 날인 1월 2일 트럼프는 김정은의 위협에 대응하여 "나도 핵단추를 갖고 있는데, 그것은 그의 것보다 더 크고 강력한 것이고, 그것은 작동한다"고 트위터를 날렸다.[7]

문제는 정치지도자들이 공개적으로 핵무기를 마치 '어린애 장난감'처

---

5 2397호 결의안은 안보리 결의 역사상 역대 최강 대북제재 결의로서, 대북 정유제품 수출의 89% 차단, 북한의 해외노동자 2년 내 철수, 추가 핵실험이나 ICBM 발사 시 대북 원유수출의 축소 등을 규정했다. "Resolution 2397(2017)" Adopted by the Security Council at its 8151st meeting on 22 December 2017 (S/RES/2397 (2017)), United Nations Security Council, 22 December, 2017.

6 김정은. "신년사" 『로동신문』. 2018년 1월 1일.

7 North Korean Leader Kim Jong Un just stated that the "Nuclear Button is on his desk at all times. Will someone from his depleted and food starved regime please inform him that I too have a Nuclear Button, but it is a much bigger & more powerful one than his, and my Button works!" Donald J. Trump's Twitter, 4:49 PM, 2 January, 2018.

럼 취급하는 일이 발생했는데, 이는 참으로 충격적인 일로서, 객관적으로 있을 수도 없고 또 용서할 수도 없는 일이었다. 우리 국민들은 '더 이상 이런 식으로 도발이 지속되고, 반복되는 것은 안 된다', '한반도 문제를 근본적으로 해결해야 한다'는 컨센서스에 도달했다. 이는 결국 한반도에서 냉전구조를 해체하고, 평화정착과 비핵화를 이룩하려는 노력으로 이어졌다. 문재인 대통령은 이를 바탕으로 2월 평창 평화올림픽 개최 등을 통해 본격적으로 '평화 프로세스'(Peace Process)를 취해 나갔고, 북한은 이에 적극적으로 호응했다. 이처럼 2017년~2018년 연초의 상황은 우리로 하여금 한반도 (핵)전쟁위협의 고조의 문제점, 한반도 냉전구조 해체의 시급성, 한반도 평화정착의 중요성을 다시 한 번 일깨워 주었던 것이다.

이하에서는 (1) 김대중 대통령의 외교정책에서의 사상과 원칙이 무엇이었는지, (2) 김대중 대통령의 평화외교의 중점적 과제는 무엇이었는지, 그리고 (3) 김대중 대통령의 평화외교 경험이 문재인 대통령에게 주는 '현재적 함의'에 대해 생각해 보기로 한다. 마지막으로, 문재인 대통령의 '신한반도 체제 구상'을 살펴보고, 그 이행의 중요성을 강조하고자 한다.

2. 김대중 대통령의 외교정책: 사상, 원칙

김대중 대통령의 외교정책 전반은 몇 가지 사상과 원칙을 기반으로 삼고 있었다는 점을 지적하고자 한다. 그것은 (1) 역사와 국민에 대한 믿음, (2) '열린' 자주('열린' 민족주의), (3) 자유, 인권, 민주주의, (4) 평화, 용서, 관용, 그리고 (5) 실사구시와 균형전략이었다. 이러한 사상과 원칙들은 특히 김대중 대통령의 평화외교의 기반이 됐다.

1) 역사와 국민에 대한 믿음

김대중 대통령의 '역사'와 '국민'에 대한 믿음은 그가 정치인으로서 생전에 항상 강조한 것이지만, 특히 그의 자서전의 맨 마지막 문장으로서 "나는 마지막까지 역사와 국민을 믿었다"고 적었다(김대중, 2010: 605).

그렇다면, '역사를 믿는다.'는 의미는 무엇인가? 그것은 동서고금의 역사를 통해 축적된 인류의 지혜를 믿는다. 그러한 지혜를 바탕으로 역사가적 통찰력과 문제의식을 갖는다는 뜻이다('서생적(書生的) 문제의식'). 정치인 개개인의 시공간적으로 제한되고 고립된 경험에 바탕을 둔 문제의식이 아니라 인류의 역사와 사상, 인류의 축적된 지혜와 연결된 문제의식을 말한다.[8]

또 '국민을 믿는다.' 의미는 무엇인가? 지도자가 현실정치에서 주권의 담지자로서의 국민의 존재와 국민의 능력, 결코 뗄 수 없는 지도자와 국민과의 관계, 그리고 국민을 섬기는 지도자의 책무를 이해하면서, 국민들이 현실에서 겪은 문제, 특히 현실적 고통을 능란하게 해결함으로써 국민의 기대에 부응한다는 것으로서('상인적(商人的) 현실감각'), 이는 주권의 담지자인 국민을 받드는 민주주의 정치의 기반이 된다. 정치인 개개인의 시공간적으로 제한되고 고립된 '자신의 경험'에 바탕을 두고 '내가 해봐서 안다'든지, '나는 역사만을 믿고 나아가겠다'는 등의 국민의 요구와 괴리된 인식과는 큰 차이가 있다.[9]

---

8 백학순. "역사와 국민을 믿고" 『내일신문』 2011년 8월 19일. 참고로, 김대중 대통령의 경우, 독실한 카톨릭 신자로서, '정의가 반드시 이긴다'(정의 필승)는 인간 세상의 역사(歷史)의 교훈을 하나님이 역사(役事)하신 결과로 받아들인 것이 아닌가 싶다.

9 위의 글.

2) '열린' 자주 ('열린' 민족주의)

김대중 대통령이 강조한 '열린' 자주('열린' 민족주의)의 의미는 무엇인가? 김대중 대통령은 2000년 6월 14일 오전, 김영남 상임위원장과의 회담에서 그가 민족 '자주 원칙'을 강조하고 나오자, "외세는 두려워하지 말고 활용해야 하고, 한반도는 과거 제국주의의 약탈의 대상이었으나 지금은 4대국을 활용할 위치에 있"다고 강조했다(김대중, 2010: 273~274).

그날 오후, 김정일 위원장과의 역사적인 남북정상회담이 개최됐다. 김정일이 한반도 문제를 "우리민족끼리 자주적으로 해결해야"한다는 주장을 하자, "한반도의 평화문제를 풀어가는 데"는 주변 4대국의 "협력이 필수적"이라면서, 자신도 "우리 민족문제에 있어 '자주'가 중요한 전제가 되어야 한다고 생각하는 사람"이지만, "'배타적인 자주'가 아니라 '열린 자주'가 돼야 한다"고 설득했다(김대중, 2010: 183~291; 임동원, 2008: 101~102).

2000년 6월 16일자 청와대 국무회의에서 김대중 대통령은 "자주는 외세의 배격이 아니라, 주변 4강과 잘 지내는 것이 진짜 자주"라고 김정일 위원장에게 설명했다고 말했다(김하중, 2015: 383). 김대중 대통령은 그해 12월 10일에 있었던 노벨평화상 수상 연설에서 자신이 김정일에게 "남북관계의 개선만으로는 한반도에서 평화와 협력을 완벽하게 성공시킬 수 없다는 판단 아래, 북한이 미국과의 관계를 개선하고, 나아가 일본과 다른 서방국가들과도 관계를 개선할 것을 적극 권유했다"고 밝히고, 서울로 돌아와서는 미국의 클린턴 대통령, 일본의 모리(森喜朗) 총리에게 북한과의 관계 개선을 권고했다고 했다.[10] 김대중 대통령은 배타적 자주가 아닌 열린

10 김대중. "노벨평화상 수상연설" 노르웨이 오슬로, 2000년 12월 10일.

자주, 즉, '닫힌' 민족주의가 아닌 '열린' 민족주의를 신봉했고, 이는 김대중 정부의 대북정책에서 뿐만 아니라, 평화외교 전반에서의 주요 원칙이었다.

3) 자유, 인권, 민주주의

김대중 대통령은 1999년 7월 4일 '제2의 노벨상'이라고 불리는 필라델피아 자유메달(Philadelphia Liberty Medal)을 받았다. 선정위원회는 김대중 대통령을 수상자로 선정한 이유 중의 하나로서 "김대중 대통령은 한국 민주화의 상징적 인물을 넘어서 실제 민주화를 향한 진전을 이룩한 역사적 인물이 됐다"고 했다(김대중, 2010: 169). 7월 3일에 있었던 수상 기념 환영 만찬 답사에서 김대중 대통령은 "나는 자유와 인권의 가치가 전세계 모든 지역에서 21세기를 이끄는 중심적 가치가 돼야한다고 믿고 있다"면서 "인간의 존엄과 정치적 자유, 권력으로부터의 경제적 자유, 사회적 정의가 보장돼야 한다"고 했다(류상영 외, 2011: 1322). 그리고 미국 독립기념일인 7월 4일 수상연설에서 "나는 '자유에 헌신한 사람으로 기억되기를 원한다"고 했다(김대중, 2010: 194).

김대중 대통령은 1999년 9월 11일 개최된 뉴질랜드 오클랜드 APEC 정상회의에서 장쩌민(江澤民) 중국 주석, 클린턴(Bill Clinton) 미 대통령, 오부치(小渕恵三) 일본 수상 등에게 "동티모르를 제2의 미얀마(버마)로 만들어서는 안 된다"고 강조하고, 특히, 클린턴 미대통령을 설득하여 한·미·일 공동발표문을 내어 놓는 데 성공했다. 결국 인도네시아는 자신의 군부가 훈련시킨 동티모르 민병대를 이용하여 동티모르 주민을 학살하는 등의 탄압을 자제하고, 유엔 다국적군 파병을 수용하는 결정을 했다. 김대중 대통령은 나중에 동티모르의 인권, 평화를 위해 상록수부대를 파병했다(김대중, 2011: 234~249).

또 김대중 대통령은 1999년 11월 필리핀 'ASEAN+3 정상회의'를 계기로 개최된 한·미얀마정상회담을 통해 아웅산 수지(Aung San Suu Kyi)의 안위와 미얀마의 민주주의에 대해 지속적인 관심을 쏟았다. 몇 개월 후인 2000년 2월 17일, 아웅산 수지는 『인터내셔널 헤럴드 트리뷴(International Herald Tribune)』과의 인터뷰에서 "우리는 김대중 대통령에게 무척 감사하고 있다. 사람들은 일단 정권을 잡으면 야당시절 때와 동일하게 행동하지 않음을 보게 된다. 그러나 김대중 대통령은 버마의 민주주의를 지지하는 데 변함이 없어서 우리는 그것을 매우 감사하고 있다. 그는 집권한 후에도 변하지 않은 아주, 아주 소수의 사람 중의 하나다"라고 김대중 대통령을 평했다.[11]

김대중 대통령은 2000년 10월 13일, 2000년도 노벨평화상 수상자로 결정됐다. 노르웨이 노벨위원회는 김대중 대통령을 노벨평화상 수상자로 선정한 이유를 밝혔다. 그것은 "한국과 동아시아의 민주주의와 인권 신장 및 북한과의 화해와 평화에 기여"한 그의 업적을 기리는 것이라고 했다. 그리고 "김대중은 강한 도덕성을 바탕으로 아시아의 인권을 제약하는 기도에 대항하는 보편적 인권의 수호자로 동아시아에 우뚝 섰다. 미얀마 민주주의에 대한 지지와 동티모르의 억압을 반대하는 그의 역할은 평가할

---

11 "Kim Dae-jung is one of the very, very few people in the world who have not changed because they have come to office," in Bernard Krisher, "'Start With Unity,' Democracy Leader Urges Burma," *International Herald Tribune,* February 17 2000. http://www.burmalibrary.org/reg.burma/archives/200002/msg00049.html.

만하다"고 했다. 또한 "김대중은 햇볕정책을 통해 남북한 사이에 50년 이상 지속된 전쟁과 적대감을 극복하려고 노력했다"면서, "이제 한반도에는 냉전이 종식되리라는 희망이 싹트고 있다. 김대중은 한국과 이웃국가, 특히 일본과의 화해에도 기여했다"고 밝혔다(김대중, 2010: 354~355). 참고로, 융커(Jean-Claude Juncker) 룩셈부르크 총리는 당시 최근 10여 년에 걸친 심사과정에서 아무런 반대의사가 없이 수상자가 결정된 것은 '김대중 대통령의 노벨평화상 수여가 처음이었다고 들었다'고 밝히기도 했다(김하중, 2015: 468).

김대중 대통령은 약 2개월 후인 12월 10일 오슬로에서 노벨평화상을 수상했다. 노벨위원회는 김대중 대통령을 수상자로 선정 이유를 다시 한 번 밝혔다. 즉, "김 대통령의 인권을 위한 그동안의 노력은 최근 남북관계의 진전과는 별도로 수상 후보로서 충분한 가치를 지녔다. 노벨평화상은 지금까지 이룩한 온 조처에 대해 수여되는 것이다. 그러나 노벨평화상의 역사에서 자주 보아온 것처럼 평화와 화해를 위한 머나먼 길에 더욱 진척이 있기를 격려하는 뜻도 담겨 있다. 수십 년 동안 그는 권위주의 독재 체제와 승산이 없는 싸움을 했다. 그 자신의 대답은 '나는 내 스스로를 강도가 침입한 집의 주인처럼 느꼈다. 내 가족과 재산을 지키기 위해서는 내 자신의 안위는 접어두고 맨손으로라도 싸워야 했다.' 김대중 씨의 얘기는 몇몇 다른 평화상 수상자, 특히 넬슨 만델라(Nelson Mandela)와 안드레이 사하로프(Andrei Sakharov)의 경험과 공통점이 많다. 상을 받지는 않았지만 수상할 자격이 있었던 마하트마 간디(Mahatma Gandhi)와도 많은 공통점이 있다"면서, 그의 노벨상 수상은 "정말 드디어 한국이 세계 민주주의 국가 대열에 오르게 되었음을 확실히 입증한 것"이고, "김대중 씨는 용서할 수 없는 것까지 포함해서 모든 것을 용서했다"고 했다(김대중,

2010: 388~390).

김대중 대통령은 자신의 노벨상 수상연설에서 아시아에는 서구보다 훨씬 더 이전에 인권사상이 있었고, 민주주의와 상통한 사상과 제도의 뿌리가 있었음을 강조했다. 즉, '백성을 하늘로 삼는다', '사람이 곧 하늘이다', '사람 섬기는 것을 하늘 섬기듯 하라'는 가르침이 근 3,000년 전부터 정치의 근본요체의 원리였고, 맹자가 '만일 임금이 선정(善政)을 하지 않고 백성을 억압한다면 백성은 하늘을 대신해 들고일어나 임금을 쫓아낼 권리가 있다'는 국민저항권을 주장한 것도 상기시켰다. 김대중 대통령은 이러한 사상은 17세기 서양의 계몽주의 사상가인 존 로크(John Locke)가 그의 사회계약론에서 주창한 국민주권 사상보다 2,000년이나 앞선 것임을 지적했다. 그리고 "민주주의는 인간의 존엄성을 구현하는 절대적인 가치인 동시에 경제 발전과 사회정의를 실현하는 유일한 길이라고 믿는다"고 했다.[12]

4) 평화, 용서, 관용

김대중 대통령의 평화사상은 무엇보다도 인권과 민주주의의 가치를 수용하고 그 가치에 기초를 두고 있는 사상이었다. 김대중 대통령에게 있어서 인권, 민주주의, 평화는 서로 뗄 수 없는 관계에 있었다. 그의 정치사상과 평화사상은 그 동안 동서양을 걸쳐 도전과 응전을 통해 성취된 자유, 민주주의, 인권을 충실히 수용하고 그 바탕 위에서 우리가 나아갈 미래를 제시하고 있는 사상이었다.

12 김대중. "노벨평화상 수상연설" 노르웨이 오슬로, 2000년 12월 10일.

김대중 대통령의 평화사상은 무엇보다도 한반도의 평화정착을 그 핵심 실천과제로 하고 있는 사상이었다. 그러나 그의 사상은 동시에 한반도를 넘어 전지구적으로 그 대상과 범위를 넓혀간 사상이었다. 그는 우리 민족의 화해와 평화통일, 북핵문제 해결과 한반도 평화정착을 위해 필생의 노력을 했다. 그러면서도 한반도를 넘어 동티모르의 독립과 미얀마의 민주화를 적극적으로 후원하고, 세계평화를 위해 전지구적인 차원의 문제들, 예컨대, 핵문제, 테러문제, 기아문제, 정보화와 세계화가 초래한 문제, 환경문제 등을 해결하기 위해서도 많은 관심과 노력을 기울였다.

김대중 대통령은 자신의 노벨평화상 수상 1년 후인 2001년 12월 6일 노르웨이 오슬로에서 개최된 노벨평화상 제정 『100주년 기념 심포지엄』에서 세계평화를 위해 국가 간, 문명 간, 종교 간 그리고 인종 간에 대화를 통해서 상생의 협력관계를 이끌어내야 함을 강조했다. 그리고 대화가 있는 곳에 이해가 있고, 이해가 있는 곳에 협력이 있으며, 협력이 있는 곳에 빈곤의 해소를 기대할 수 있고, 그렇게 되어야 전쟁의 그림자는 사라질 것이라고 강조했다.[13]

한편, 김대중 대통령은 용서와 관용을 실천했다. 노르웨이 노벨상위원회는 김대중 대통령을 평화상 수상자로 선정한 이유를 설명하면서 "김대중 씨는 용서할 수 없는 것까지 포함해서 모든 것을 용서했다"고 했다(김대중, 2010: 390). 김대중 대통령 자신도 1999년 7월 필라델피아 자유메달 수상연설에서 "자유는 관용과 함께 갈 때 더 큰 자유에 이른다는 것을 알고 있다"고 했다(류상영 외, 2011: 219~220).

13 김대중. "노벨평화상 제100주년 기념 심포지엄 주제 발표문", 노르웨이 오슬로, 2001년 12월 6일.

5) 실사구시와 균형전략: 주변 4대국에 대한 외교

김대중 대통령은 주변 4대국에 대한 외교에서 한반도의 지정학적 위치와 그로부터 생겨나는 우리의 지전략적 요구를 충실히 담아내는 '실사구시'와 '균형전략'을 추구했다. 1971년 대선에서 신민당 대통령후보 김대중 후보은 한반도에서 전쟁을 억제하기 위해 미국, 소련, 중국, 일본이 남북한을 동시에 인정하는 '4대국 안전보장론'을 내세웠다(김대중, 2010: 219~220).

2000년 6월 평양 남북정상회담에서 김정일이 "아직도 주변의 강대국들은 조선반도의 분단을 고착시키고 두 개의 조선을 만들어 분할통치를 하려고 한다"면서, 그런데도 김대중 대통령은 "자꾸 이 나라 저 나라에 찾아가서 협력을 구하고 균형을 맞추려고 하는데, 그런 데서 탈피하고 우리 민족끼리 자주적으로 해결해야 한다"고 했다(김대중, 2010: 283). 이에 대해 김대중 대통령은 "남과 북이 모두 이 네 나라와 좋은 관계를 맺고 지내야 한반도의 평화와 통일에 도움이 된다"면서, "북(한)이 미국, 일본, 유럽 국가들과 좋은 관계를 맺을 수 있도록 적극 지원하겠다"고 했다. 그는 "한반도의 평화 문제를 풀어가는 데는 이들 국가의 협력이 필수적"이라면서, '배타적인' 자주가 아닌 '열린' 자주의 중요성을 강조했다(김대중, 2010: 283).

김대중 대통령의 주변 4대국에 대한 외교의 실사구시와 균형전략의 원칙은 기본적으로 미국은 우리의 동맹이고 가장 가까운 나라이지만, 그렇다고 해서 주변 다른 나라들을 소원케 해서는 안 된다는 것이었다. 즉, 4대국에 둘러싸여 있는 우리의 위상으로 보아서 외교는 매우 중요한 의미가 있다. 외교적으로 4대국을 잘 활용하면 우리는 안정과 번영의 큰 성공을 이룩할 것이다. 우리 민족은 외교의 중요성을 무엇보다도 크게 생각하고 우리

전체가 외교 잘하는 민족이 되어야 할 것이다. 한마디로 말해서 4대국 모두가 우호와 친선, 공동 승리의 협력관계를 실현시켜 나가야 한다. 단 한 나라와도 적대하면 그 나라가 우리나라를 도와줄 힘은 없어도 해코지할 힘은 충분히 발휘할 수 있다는 것이다. 4대국 외교는 그토록 중요하다. 외교를 잘하는 것은 굴종이 아니고. 작은 나라가 대국 사이에서 살아나고 번영을 누리는 하나의 예술과도 같은 것이라고 말했다. 우리는 외교 잘하는 민족이 되어야 하며, 한국은 그 지정학적 위치로 인해서 외교가 생명이라는 것이다. 김대중 대통령은 임기를 마친 후 사인(私人)의 입장에서 한반도 통일 후에는 '중립외교'를 추구할 필요성이 있음을 피력했다. 즉, "우리가 4대국의 협력 속에 평화적인 통일을 이룩하면, 한국은 4대국 모두와 좋은 관계를 유지하는, 궁극적으로는 중립적 위치를 취하는 것이 우리를 위해서나 4대국 각 나라를 위해서나 현명한 조치가 될 것"이라고 했다. 이러한 중립외교는 그가 대통령 임기 중에 추구한 것이 아니다. 그러나 주변 4대국에 둘러싸인 한반도의 지정학적 위치와 역사를 놓고 볼 때, 그 속에서 우리의 생존과 발전, 평화와 번영을 확보하기 위해 어떠한 지전략적 사고와 정책을 추구할 것인지 실사구시와 균형 전략의 입장에서 고민하면서 나온 결론인 셈이다.[14]

3. 김대중 대통령의 평화외교: 중점적 과제

김대중 대통령 임기 5년 중에서 김대중 대통령의 취임 첫 2년(1998~1999)의 외교는 '외환위기 극복과 경제 살리기를 위한 정상외교'에 초점이 맞

---

14 김대중. "한반도의 현실과 4대국" (전남대 명예문학박사 수여식 연설), 전남대학교, 2006년 10월 11일.

취져 있었다.[15] 김대중 대통령은 1998년 2월 25일 취임사에서 "오늘의 난국을 반드시 극복하고 내년 후반부터는 새로운 활로를 개척해 나갈 수 있다고 저는 확실히 믿어 의심치 않는다"고 했다.[16] 이는 '1년 반'만에 경제를 살리겠다고 약속한 셈이었고, 그는 이 대국민 약속을 지키기 위해 혼신의 힘을 다했다. 기업과 은행이 줄도산하고 순식간에 150만 명이 일자리를 잃는 재앙 속에서도 김대중 대통령은 사회적인 파장을 최소화하면서 경제위기를 조기에 수습했다. IMF에서 빌린 차입금 195억 달러를 3년 8개월 만에 완전히 상환했다. 유례가 없는 일이었다.

이러한 맥락에서 김대중 대통령은 1998년 3월 런던 ASEM(아시아-유럽정상회의), 1998년 6월 미국 국빈방문, 1998년 10월 일본 국빈방문(김대중-오부치회담)('21세기 한일파트너십에 관한 공동선언'), 1998년 11월 중국 국빈방문, 1998년 11월 말레이시아 APEC 정상회의, 1998년 12월 베트남 'ASEAN+3 정상회의' 참석('동아시아 협력에 관한 비전그룹'

---

15 김대중 대통령은 1998년 2월 취임했는데, 다음 달인 3월말까지 갚아야할 단기외채가 251억 달러였고 당시 외환보유고는 120억 달러에 불과했다. 김대중 대통령이 국민에게 호소하여 시작된 '금 모으기 운동'에 350만 명이 참여하여 금 226톤을 모았는데, 그것은 21억 달러 어치였다. 당시 외환위기의 해결 방향은 외국인 투자를 유치함으로써 외환위기를 해소하는 것이었는데, 외국투자가들의 한국에 대한 인식은 (1) 정경유착과 부정부패로 지정한 시장경제를 하고 있지 않은 나라, (2) 북핵문제를 둘러싼 남북의 대치로 국내정세가 불안한 나라였다. 따라서 해결책은 (1) 국내적으로 민주주의와 시장경제 실현, (2) 북한에 대한 화해협력정책(햇볕정책)을 추진하고, (3) 주요국들 방문, 다자 정상회의 참여를 통해 외국투자가들의 인식을 바꾸어 한국이 투자하기에 안정하다는 인식을 심어주기 위한 외교활동에 주력하는 것이었다. 김대중 대통령은 그것을 해냈고, 취임 1년 후에는 외환보유고가 520억 달러에 이르렀고, 2003년 2월 퇴임시에는 외환보유고가 1,200억 달러로서 세계 4위였다. '국민의 정부' 5년간 외국투자액은 600억 달러로서, 이는 과거 50년간 외국투자 총액 246억 달러의 거의 2.5배나 되는 액수였다.

16 김대중. "제15대 대한민국 대통령 취임사." 1998년 2월 25일.

구성 제의) 및 베트남 공식방문, 1999년 5월 러시아 국빈방문을 했다.

김대중 대통령은 우선 외환위기를 극복하고 경제 살리기의 기반을 놓은 후, 취임 3년째부터는(2000~2003) 남북관계 개선, 냉전구조 해체를 통한 한반도 평화정착 외교를 본격적으로 추진했다(김하중, 2015: 276~278). 1991년 12월 소련 붕괴를 통해 탈냉전시대가 도래하자 한반도에서의 냉전구조 해체와 평화정착은 이제 역사적, 시대적 요구가 됐다. 김대중 대통령이 대통령에 당선됐을 때는 사상 초유의 외환위기와 경제 붕괴는 말할 것도 없고, 소련이 멸망한 지 거의 10년이 다 됐지만 한반도에서는 남북한 관계에 해빙이 제대로 이뤄지지 않고 있었다. 1994년 제네바 북미기본합의로 제1차 북핵 위기가 해소되긴 했지만 이를 이행하는 과정에서 북미관계가 어려움을 겪고 있었다.

이미 설명한 바와 같이, 집권 첫 2년 동안 혼신의 힘을 다해 외환위기를 극복하고 경제 살리기에 성공하자, 김대중 대통령은 임기 3년째부터 본격적으로 대북 '햇볕정책'(화해협력정책)과 한반도 평화외교를 시작했다. 이러한 정책들의 비전에 적극 공감한 클린턴 미 대통령의 김대중-클린턴의 '운전자-조수론' 뿐만 아니라, 사상 최초로 북한의 동맹국인 중국이 남한 정부의 대북정책을 적극 지지하는 일이 가능해졌고, 결국 주변 4대국 지도자 모두가 남한정부의 대북정책을 지지하는 초유의 일이 가능했다. 이로써 김대중 대통령은 한반도 문제를 해결하는 데서 주도권을 확립하면서 한반도 국제정치의 규칙설정자(rule-setter)의 위상을 획득했다. 참으로 전대미문의 위대한 업적이었다. 이를 보다 구체적으로 살펴보자.

김대중 대통령은 북미대화와 북미관계 개선이 없이는 남북관계 개선, 한반도 냉전구조 해체, 평화정착은 더 이상 나아가기 어렵다고 판단하고, 클린턴 미 대통령으로 하여금 미국이 북한 지도자와 직접 대화하고 과감한 대북 접근을 하도록 설득했다. 1998년 6월 클린턴 대통령의 초청으로 미국을 방문했을 때 클린턴 대통령은 "김 대통령의 비중과 경륜을 볼 때, 이제 한반도 문제는 김 대통령께서 주도해 주기 바란다"면서 "김 대통령이 핸들을 잡아 운전하고 저는 옆자리로 옮겨 보조적 역할을 하겠다"고 약속했다(김대중, 2010: 84).

김대중 대통령은 2000년 3월 9일, 베를린자유대학에서의 연설을 통해 소위 "지구상에 마지막으로 남아 있는 한반도 냉전구조를 해체하고, 항구적인 평화와 남북 간의 화해 협력을 이루고자" 한다는 대북 '베를린 선언'을 발표했다. 대북제의는 4가지였는데, (1) 남한정부는 북한이 경제적인 어려움을 극복할 수 있도록 도와줄 준비가 되어 있다. 이를 위해서는 기존의 정경분리에 따른 민간경협만으로는 한계가 있기 때문에 이제는 정부당국간 협력이 필요하다. 남한정부는 북한당국의 요청이 있을 때는 이를 적극적으로 검토할 준비가 되어 있다. (2) 현 단계에서 우리의 당면목표는 통일보다는 냉전종식과 평화정착이다. 따라서 북한은 남측의 참뜻을 조금도 의심하지 말고 한국의 화해와 협력 제안에 적극 호응하기 바란다. (3) 북한은 무엇보다도 인도적 차원의 이산가족 문제 해결에 적극 응해야 한다. (4) 이러한 모든 문제를 효과적으로 해결하기 위하여 남북한 당국 간의 대화가 필요하다. 이미 2년 전 대통령 취임사에서 제의한 것인데, 1991년 체결된 남북기본합의서의 이행을 위한 특사교환 제의를 북한이 수락할 것을 촉구한다는 것이었다(김대중, 2010: 84).

김대중 대통령의 대북 햇볕정책과 한반도 평화정착 외교는 전세계적으로도 결실을 맺었다. 김대중 대통령의 노벨상 수상 발표 1주일 후인 2000년 10월, 서울 ASEM 정상회의에서 유럽 국가들이 북한과 수교를 발표했다. 김대중 대통령은 주룽지(朱鎔基) 중국 총리에게 남·북·미·중의

4자가 한반도 평화체제 구축을 책임지고 해결하는 것이 가장 바람직함을 강조했다. 2000년 11월, 브루나이 APEC 정상회의에서 김대중 대통령은 북한에게 APEC의 초청회원 자격을 주도록 설득하여 성공시켰다. 11월 15일 하루 동안 미·중·러·일의 4대국 국가 원수들과 정상회담을 하기도 했다. 하루에 주변 4대국 지지도자들을 모두 만난 것은 한국 외교역사상 최초의 일이었다(김하중, 2015: 482).

2000년 11월, 싱가포르 ASEAN+3 정상회의에서는 김대중 대통령은 한반도 평화정착을 위한 4자회담 제기에 대해 주룽지 중국 총리의 지지를 받아냈고, 4자회담을 나중에는 6자회담으로 발전시켜야 함을 강조했다(김하중, 2015: 484~486). 또 싱가포르 ASEAN+3 정상회의를 계기로 싱가포르 국빈 방문을 했고, 국빈 공식환영 행사에 싱가포르 주재 북한대사관 참사가 대리대사 자격으로 참석했다.[17] 김대중 대통령은 또한 싱가포르 경제인들에게 대북투자를 권유하기도 했다(김하중, 2015: 488~490).

2000년 12월 노르웨이 오슬로에서 노벨평화상을 수상한 후, 김대중 대통령은 스웨덴을 공식 방문 했는데, 그는 페르손(Goran Persson) 총리에게 "북한이 배우고 싶어 하는 나라가 스웨덴인 만큼 북한을 돕는 일에 스웨덴이 가장 적합"하다는 점을 강조하기도 했다. 이에 페르손 총리는 2001년에 스웨덴이 EU 의장국이 되면 자신이 직접 북한을 방문하여 김정일을 만나 양국의 신뢰를 다지는 기회로 삼고자 한다고 밝혔다(김하중, 2015: 518~519). 페르손 총리는 실제 2001년 5월에 북한을 방문했다.

---

17 해외에 주재하는 북한 공관원 직원이 우리나라 국가원수를 환영하는 국빈 환영행사에 참석한 것은 역사상 최초의 일이었다(김하중, 2015: 488).

4. 김대중 대통령의 평화외교: 현재적 함의

그렇다면, 김대중 대통령의 평화외교의 '현재적' 함의는 무엇인가? 김대중 대통령의 평화외교 경험이 문재인 대통령에게 주는 함의는 무엇인가? 우선, 김대중 대통령의 평화외교 경험은 문재인 대통령의 평화외교의 기반이 되고 있다. 무엇보다도, 김대중 대통령이 한반도 국제질서의 '규칙 설정'과 한반도 문제 해결의 '주도권 행사'를 했던 외교 업적은 문재인 대통령에게 큰 교훈이 되고 있다.

1) 김대중 대통령의 평화외교: 문재인 대통령의 평화외교의 기반

무엇보다도, 문재인 대통령의 평화외교는 김대중 대통령의 평화외교에 기반을 두고 있다. 김대중 대통령의 평화외교와 문재인 대통령의 평화외교는 한반도에서 6.25전쟁을 종식하고 평화체제를 구축하며, 비핵화를 달성함으로써 한반도에서 70년 이상 지속된 냉전구조를 해체하고 항구적인 평화를 정착시키려는 목표에서 완전히 동일하다.

그러나 양 대통령의 평화외교는 국제환경과 내용에서 차이가 있다. 김대중 대통령의 경우에는, 냉전체제의 붕괴와 새로운 미중경쟁 체제의 등장 사이의 존재했던 '과도기'라는 시점에 한반도에서 냉전구조를 해체하고 평화를 정착시키기 위한 평화외교를 했다. 남북 간에 역사적인 2000년 남북정상회담과 6.15공동선언이 발표됐고, 클린턴 미 대통령, 장쩌민 중국 주석 등 주변 4대국 지도자들이 모두 햇볕정책을 지지하고, 북미양국에서 올브라이트(Madeleine Albright) 국무장관과 조명록 차수의 상호 방문이 이뤄지는 등 여러 분야에서 역사적인 진전이 이뤄졌었다. 그럼에도 불구하고 한반도 평화체제, 북미관계 정상화 등의 노력이 한계에 부딪히는 것을 보면서 임기를 마쳐야 했다.

한편, 문재인 대통령의 경우에는, 유례를 찾기 힘들 정도로 악화된 남북관계를 박근혜 정부로부터 물려받고, 한반도에서 냉전구조 자체가 온존되어온 상황에서 북미관계가 핵문제, 미사일문제로 최악의 상황으로 나아가고 있었다. 더구나 큰 틀에서는 미중 대결과 이에 따른 한·미·일 vs. 북·중·러 간의 대결을 중심으로 한 '북방 3각 vs. 남방 3각 대결' 체제가 실질적으로 부활하면서 한반도에서 냉전구조 해체와 평화정착의 길이 더욱 쉽지 않은 상황이었다. 그러나 2018년 초부터 시작한 '피스 프로세스(peace process)'는 남북 간 대화와 협상은 여러 번의 정상회담과 공동선언, 공동성명 등을 낳았고, 2018년 9월 남북 간 '역사적인 판문점 선언 이행을 위한 군사분야 합의서'는 남북관계 역사상 군사적 긴장완화와 평화증진의 분야에서 이룩한 최고의 실질적인 성과였다.

한편, 미국에서 트럼프 대통령이 등장하여 외교안보정책 분야에서도 결국 '군사적' 수단의 사용을 지양하고 '외교적' 수단의 사용이라는 새로운 접근법을 취하여 북한과 협상을 시작했다. 이로써 2018년 6월 싱가포르에서 역사상 최초의 북미정상회담을 개최하고 포괄적 주고받기 내용의 공동성명에 합의했다. 이제 한반도에서 70여 년 동안 지속되어 온 냉전구조를 해체하고 평화를 정착할 수 있는 가능성이 열린 셈이었다.

그러나 2019년 2월 하노이 북미정상회담이 결렬됐다. 2018년 싱가포르회담 이후 워싱턴에서 본격적으로 시작된 강경보수파들의 반격이 성공한 것이었다. 하노이에서 트럼프 대통령은 북한이 원하는 제재해제 내지 완화를 해주되, 북한이 비핵화 약속을 지키지 않으면 다시 제재를 부과한다는 소위 '스냅백'(snapback) 아이디어를 냈으나, 존 볼튼(John Robert

Bolton), 마이크 폼페이오(Mike Pompeo) 등 강경파의 반대로 무산됐다.[18] 이는 한반도에서의 70여년 이상 지속된 냉전구조를 해체한다는 것이 얼마나 힘든 것인지, 또 미국을 포함한 관련국들에서 현상유지 세력과 현상변화 세력 간의 투쟁이 국내외적으로 얼마나 치열한 것인지를 잘 말해주었다.

2) 교훈: 한반도 국제질서의 '규칙 설정' 및 한반도 문제 해결의 '주도권 행사'

김대중 대통령은 대북 화해협력정책과 이에 대한 주변 4대국 지도자들의 지지의 획득을 통해 한반도 국제정치와 국제질서 형성에서 '규칙 설정자'(rule-setter)로서의 위상을 갖게 되었고, 실질적으로 '한반도 문제' 해결에서 주도권을 행사했다. 이는 한국의 근세사에서 가장 빼어난 외교적 업적이라고 평가할 수 있을 것이다.

한편, 문재인 대통령은 2018년부터 김정은 위원장, 트럼프 대통령 등과 함께 한반도 '피스 프로세스'를 시작한 주인공으로서, 김대중 대통령과 마찬가지로, 한반도 국제질서의 규칙 설정자 및 한반도 문제 해결의 주도권 행사자로서 역할을 해 왔다. 그런데 문재인 정부는 처음부터 자신의 역할을 북미양국 사이의 '중재자', '촉진자'로 규정했다. 문제는 시간이

---

18 "회담에서 우리가 현실적인 제안을 제시하자. 트럼프 대통령은 합의문에 '제재를 해제했다가도 조선이 핵활동을 재개하는 경우 제재는 가역적이다'는 내용을 더 포함시킨다면, 합의가 가능할 수도 있다는 신축성 있는 립장을 취하였지만 미국무장관 폼페오나 백악관 국가안보보좌관 볼튼은 기존의 적대감과 불신의 감정으로 두 수뇌분들 사이의 건설적인 협상노력에 장애를 조성하였으며, 결국 이번 수뇌회담에서는 의미있는 결과물이 나오지 못하였다." 최선희. "발언문"(비공개 기자회견), 평양 3월 15일.

흐르면서, 특히, 북미 직접대화가 성사되자, 문재인 정부는 한반도 비핵화와 평화정착을 다루는 협상에 직접 참여하지 못하는 등 한반도 문제를 다루는 회담에서 배제되는 상황을 맞고 있다.

그렇다면, 문재인 정부는 이러한 상황을 미리 예측하지 못했을까? 우리 스스로 우리의 위상과 역할을 중재자 혹은 촉진자로 규정하지 않고, "우리는 한반도 국가로서 한반도 문제 해결에 당사국이다. 따라서 한반도의 운명, 한반도 관련 주요 문제와 관련된 어떤 협상에서도 우리는 배제되지 않을 것이다"고 천명하고, 그러한 원칙적이고 강력한 입장을 2018년 초 '피스 프로세스'가 시작될 때부터 대내외적으로 명확히 했더라면 어떠했을까?

북한은 오래 전부터, 특히 소련의 멸망 이후에는 어떻게 해서든지 미국을 끌어들여 중국에 대한 대항력으로 사용하고 미국과의 협상을 통해 6.25 전쟁을 끝내고, 평화협정을 맺고 관계를 정상화하고 경제협력을 통해 생존과 발전을 추구하는 '21세기 생존과 발전의 전략'을 추구해왔다. 이 과정에서 북한은 미국과 직접대화를 추구했고, 만일 그것이 잘 되지 않을 때 남한의 도움을 통해 미국과 직접대화로 가고자 했다. 결국 2018년 북한은 남한의 도움으로 미국과 직접대화를 시작했고, 일단 북미대화가 시작되자 북한은 한반도 문제를 해결하는 회담에서 남한을 구조적으로 배제하고 있는 것이다.

5. 결어: 문재인 대통령의 '신한반도 체제 구상'과 이행의 중요성

현재 문재인 정부는 '한반도 문제 해결의 당사자' vs. '북미양국 간의 중재자, 촉진자' vs. '미국의 동맹국'이라는 역할 사이에서 어려움을 겪고 있다. 북미양국이 공히 문재인 정부의 중재자, 촉진자 역할에 대해 비판적이고, 미국은 남한정부가 '미국의 동맹국'으로서 역할에 충실하기를 바라고, 북한은 남한정부가 미국에 동맹협력만 하는 역할에서 벗어나 자주성을 갖고 '한반도 문제 해결의 당사자'로서의 역할을 해줄 것을 요구하고 있다.

이러한 상황에서 문재인 대통령은 2019년 3.1절 경축사를 통해 '신한반도 체제 구상'을 제시했다.[19] 한반도 문제 해결 협상에서 우리정부가 실질적으로 배제되고 있는 상황과 그에 대한 비판을 인식한 바탕 위에서, 한반도 국제질서의 규칙 설정과 한반도 문제 해결의 주도권 행사의 필요성을 명확히 하기 위한 것으로 보인다.

신한반도 체제는 '우리가 주도하는 100년의 질서'로서 '수동적 냉전질서'에서 '능동적 평화질서'로의 전환을 추구하는 새로운 한반도 체제라고 할 수 있다. 신한반도 체제는 평화협력공동체와 경제협력공동체를 두 축으로 하고 있다. 평화협력공동체는 항구적 평화체제 구축을 의미하며, 경제협력공동체는 평화경제 시대의 개막을 의미한다.[20]

그렇다면, 한반도 문제가 이미 북미양국 간의 직접협상에 의해 논의되는 상황에서 우리가 배제되는 문제를 해결하여 '우리가 주도하는 100년의 질서'를 창출할 수 있을까? 이를 위해 두 가지 방법을 생각해 볼 수 있을 것이다.

첫째, 한반도 문제를 해결하는 데서 그 동안 해온 북미협상을 중재하고

---

19 문재인 대통령. "제100주년 3.1절 기념식 기념사" 2019년 3월 1일.

20 위의 글.

촉진하는 역할을 지속함과 동시에 3.1절 경축사에서 제시한 '신한반도 체제 구상' 하에서 보다 더 강력한 '한반도 국가로서의 당사자 역할'을 강조해야 할 것이다. 지금부터라도 한반도 문제와 관련된 어떤 협상에서도 우리는 배제되지 않을 것임을 명확하고 강력히 천명하고, 그렇게 배제되지 않을 효과적인 방법을 찾아내야 할 것이다. 이를 위해서는 청와대와 정부, 정치권, 정책커뮤니티, 학계, 시민사회 등이 힘을 모아야 할 것이다.

둘째, 우리 국군에 대한 전시작전통제권 환수문제를 보다 적극적으로 앞당겨 나가야 할 것이다. 현재 북한은 미국과의 협상에서 '전쟁과 평화 문제'의 해결을 가장 기본적인 문제로 생각하고 있는 것으로 보인다. 자신의 비핵화 약속에 대한 주고받기 대상으로 북한이 미국에게 요구해온 군사안보 위주의 '안전 보장' 요구나 북한과의 평화공존을 수용하지 않고 정권교체를 기도하는 '반북정책'을 미국에게 포기하도록 요구하는 '제도안전' 보장 요구는 모두 전쟁과 평화 문제 해결의 맥락에서 나온 것이라고 할 수 있을 것이다. 그런데 북미양국은 남한정부는 한국군에 대한 전작권을 갖고 있지 못한 관계로 전쟁과 평화 문제 해결에서 최종적인 권위있는 결정권을 갖고 있지 않다는 입장에서 남한을 협상에서 제외하고 있는 것이다. 만일 우리가 우리 군에 대한 전작권을 보유하고 있다면, 그들이 그렇게 할 수는 없을 것이고, 결국 남·북·미 3자회담을 하지 않을 수 없었을 것이다.[21]

---

21 참고로, 2018년 6월 싱가포르 북미정상회담에서 트럼프 대통령이 북한의 요구를 받아들여 한미합동군사훈련을 중단하기로 결정한 것으로 알려져 있다. 우리 국민 개개인의 선호와는 상관없이 우리의 안보와 직결된 군사문제에 대한 결정이 우리정부가 참여하지 않은 상황에서 북미양국 간의 회담에서 이뤄진 것이었다. 만약 한국정부가 한국군에 대한 전작권을 보유하고 있었다면, 트럼프 대통령은 한국정부와 상의하지 않고 그러한 결정을 내릴 수는 없었을 것이다.

■ 참고문헌

김대중. 2010. 『김대중 자서전 2』. 삼인.

김하중. 2015. 『증언: 외교를 통해 본 김대중 대통령』. 비전과 리더십.

류상영·장신기·이충은·배종윤·한주희·장옥추. 2011. 『김대중연보(1924-2009) II』. 시대의창.

임동원. 2008. 『피스메이커: 남북관계와 북핵문제 20년- 임동원 회고록』. 중앙북스.

제2부

한반도 평화 정착을 위한 국제외교

한반도 평화와 한미관계[1]

김준형 | 한동대학교 국제어문학부 교수

1. 문제 제기: 동맹과 평화의 역학

한반도는 여러 측면에서 평화 부재의 땅이다. 분단구조는 불을 뿜는 전쟁으로 말미암아 탄생했었고, 얼어붙은 냉전 반세기를 통해 견고해졌으며, 냉전체제가 붕괴하고 탈냉전이 도래한 후에도 약화하긴 했으나 여전히 살아남았다. 군사동맹은 평화 부재의 원인이거나 또는 적어도 결과적 현상이지만 한미동맹과 평화는 상호 안티테제라기보다는 동반적 역학관계를 유지해왔다. 전쟁이 강력한 태생적 기원이었고, 적대적 진영구조의 핵심원인을 형성하고 있는 군사동맹이지만, 분단으로 인한 상호 위협이 남아있음으로 말미암아 평화와 모순되기보다 공존의 관계를 이어왔다.

같은 맥락에서 기본적 대미인식 역시 '평화의 수호자'로 수렴된다. 미국은 일본의 35년 압제를 벗어나는데 결정적 역할을 했으며, 전쟁과 빈곤

1 본 글은 김준형. "한미동맹에서 한미관계로." 『창작과 비평』 2018 봄호(제46권 제1호 통권 179호)에 게재된 글을 바탕으로 이후 상황 전개에 대한 분석을 담아 업데이트했음.

의 나락으로부터 구해주고 지켜주는 보호자로 인식된다. 한국전쟁 이후 국가건설 과정에서도 초기에는 미국의 원조로, 후에는 미국식 시장 자본주의를 이식받아 경제발전을 이룩하는 등, 정치 및 군사는 물론이고 경제, 사회, 문화 모든 분야에서 미국의 긍정적 존재감은 부인하기 어려운 범위를 형성해왔다. 물론 미국이 한반도 평화의 수호자라는 인식체계에 대한 비판적 문제 제기도 없지 않았다. 일본의 전쟁범죄에 대해 눈감았으며 아시아에서의 영향력을 유지하기 위해 일본의 부흥을 돕고 한반도를 희생양으로 삼았던 분단의 책임을 면제받을 수 없다는 것이다. 또한, 경제발전과 민주화를 이룸에 있어 미국의 공헌을 무시할 수는 없다고 하더라도 역사의 여러 지점에서 독재 정권들을 비호해왔으며, 과거에는 소련, 현재는 중국과의 패권 경쟁을 위해 한반도 진영 대결의 지정학을 최대한 활용해왔다는 비판적 인식이다.

어떤 국가 관계도 일면으로만 인식될 수는 없지만, 문제는 한국사회의 인식체계에 존재하는 미국은 긍정과 부정적 인식이 서로 영향을 끼침으로써 객관적이고 균형적으로 발전되기보다는 편향된 이미지만 맹목으로 추종함으로써 이념분열을 강화했다는 데 있다. 특히 전자에 충실한 세력들은 친미와 동맹절대주의로 흘렀고, 이를 비판하는 사람들에게 친북·반미·반평화 프레임을 덧씌웠다. 분단구조의 고착으로 친미주의는 평화세력으로 정당성을 부여받았고, 한국사회에서 기득권 유지의 핵심이었을 뿐만 아니라 대다수 국민에게도 신성불가침의 신화로 자리 잡았다. 한미동맹 65년을 돌아보면 미국에 대한 평화수호자의 신화를 지닌 사람들이 권력을 독점하다시피 해왔고 인식의 편향성을 강화해왔다.

한미동맹에 대한 충성도는 평화 이미지로 포장되었으며, 한국 대외정책의 핵심적인 판단 기준이었다. 자주냐 동맹이냐는 식의 단순화된 이념

분열이 횡행했고 실천적 측면에서 균형을 모색하거나 유연화에 대한 노력은 거의 없었다. 보수 정권들은 안보를 중시하기 때문에 동맹절대주의를 신봉하고, 진보진영은 자주를 추구하는 집단으로 그들의 평화는 잘못된 가짜 평화로 양분되었다. 이러한 이념적 분열은 한미관계의 실용적 접근을 철저하게 방해했다. 동맹의 경직성은 시간이 갈수록 심화했는데, 그 경직성으로 말미암아 동맹 형성의 초기 조건들이나 대외환경이 엄청난 변화들을 겪었음에도 동맹은 여전히 초기의 비대칭적이고 종속적 형태를 이어 왔다.

이런 가운데 김대중·노무현 정부 10년은 동맹의 객관화, 유연화 및 자율성을 전례 없이 모색한 기간이었다. 특히 '햇볕정책'이라는 이름으로 북한을 타도의 대상이 아니라, 포용을 통해 점진적인 변화를 이끌어 내는 대상으로 간주하였다. 그러나 두 진보 정부는 결코 반동맹 노선을 추구한 것은 아니었으며, 냉전 붕괴와 탈냉전 도래라는 국제 환경의 변화에 따른 적응과 조정이었지만, 기존 이념 프레임이 강력히 작동함으로써 반미·반동맹·반평화 노선으로 규정되었다. 한미동맹은 특수성에도 불구하고 대내외적 조건이 변화함에 따라 조정을 겪는 것은 자연스러운 것이었다. 또한, 동맹 초기에 비정상적인 비대칭성이 남북관계 개선에 따라 자율성 제고 노력으로 이어진 것은 바람직한 현상이었다. 그러나 한미동맹의 경로의존성과 자주-동맹의 배타적 이분법으로 인해 반평화적 동맹 해체 시도로 간주되었다.

한미동맹을 두고 벌어진 이념 분열은 이후 등장한 보수 정부들에서 다시 증폭을 일으켰다. 진보 정부의 자율성 제고 및 유연화 시도가 동맹을 파탄위기로 몰아갔다는 전제하에 강력한 친미노선을 부활시키고 선핵폐기론의 대북강경책을 통해 양국 공조를 재확인했다. 북한 핵 문제의 악화를 고려하더라도 대외환경이나 한국의 국력 등을 생각하면 냉전 시대보다 한국의 자율성 제고의 여지가 많아졌지만, 이명박·박근혜 정부는 과거 박정희나 김영삼 정부 등과 비교해도 매우 친미적이고 대미 의존적인 노선을 의도적으로 강화했다. 특히 두 보수 정부에 의해 추진된 전략동맹은 한미동맹을 한반도에만 국한하지 않고, 미국의 세계전략에 동원될 여지를 남김으로써 대미의존 관계의 확산 가능성을 증대시켰다.

2. 한미관계 vs. 한미동맹

미국은 한국이 보유한 세계 유일의 동맹국이며, 한미관계의 가장 큰 특징은 군사동맹을 기반으로 하고, 자본주의의 확대재생산을 내용으로 오랜 기간 구조화되어왔다는 점일 것이다. 미국은 평화수호자로서 한국의 운명을 책임지는 존재이며, 한국은 자신의 역량과 위상의 증진에 상관없이 의존적 지위를 기꺼이 수용한다. 따라서 한미동맹은 신성불가침의 영역이며, 이에 대한 문제 제기는 타당성 여부와 상관없이 반평화의 대상이 된다. 미국은 한국에 있어 이미지의 호불호나 또는 상호교류의 심화·감소에 따라 변하는 차원이 아니다. 이를 동맹의 견고성으로 주장할 수도 있겠지만 실상은 오히려 미국 없이는 아예 시스템 작동 자체가 불가능할 정도로 의존적이라는 것이다. 국제정치적으로는 한미관계가 미국의 세계전략을 위한 군사동맹과 미국의 번영을 위한 자본주의 이식이라는 두 가지 핵심 축에 의해 구조화해 왔다. 미국은 이를 유지하고, 확대하기 위해 친미엘리트들을 적극적으로 양성해왔으며, 언론, 교육, 문화를 총동원해서 사회 전반을 미국이 선호하는 방식으로 구축했다. 사실 긴 세월을 놓고 보면 미국을 통째로 한국에 이식시켜온 과정이라고도 볼 수 있는데, 70년 동안 반복되고 축적되면서 사상과 의식까지 점령했다.

역사상 명멸했던 동맹들이 실제 전쟁에서는 파기되는 경우가 많았지만, 한미는 오히려 동맹의 사전적·법적 체결보다 전쟁에서 함께 싸운 후에 체결된 역사상 매우 드문 사례다. 이러한 강력한 태생적 기원에다, 역설적으로 전쟁까지 치르고도 해소하지 못한 분단 구조는 비대칭 구조를 더욱 견고하게 만들었으며, 군대의 대미의존도를 심화시켰다. 무기체계와 조직 등도 소위 '상호운용'을 이유로 미국과 동일체계로 운용되어 왔기 때문에 전시작전권 부재라는 형식 논리보다 한국군은 스스로 군사작전을 수행할 수 있는 능력을 보유할 기회와 의지가 거의 없었다. 한국의 역대 정부들은 동맹의 중요성을 호흡처럼 반복하고, 수십조 원 규모의 미국산 무기를 도입해 대미 무기수입국 세계 1, 2위를 다투어왔다.

경제 역시 군사동맹의 맥락에서 작동한다. 달러에 전적으로 연동되어 있기에 달러 자산이 부족하거나 미국경제가 불안정해지면 여지없이 흔들린다. 한국의 경제가 아무리 발전해도 화폐 가치를 제대로 인정받지 못하고 달러로 환산·평가된다. 초기에 미국의 원조와 차관을 독점해 성장한 재벌들이 한국경제의 중심축을 형성했으며, 무역이나 투자는 물론이고 경제학 학문영역까지 미국시스템의 하부구조처럼 작동해왔다. 언론 역시 예외가 될 수 없는데, 미국 언론의 콘텐츠를 그대로 번역해 기사를 쓰는 것은 애교 수준이라고 할 만큼의 친미 성향은 미국의 국익을 우리 국익과 동일시하는데 거리낌이 없다. 만연한 친미와 동맹절대주의는 때로는 한국보다 미국의 심기와 이익을 살피는 일이 더 중요하게 만들었다. 자유무역 협상에서 한국 대표였던 이들이 미국 입장을 보호하기 위해 한국과 치열하게 싸웠다고 고백한 것은 예외적 사건이 아니다. 이것이 오늘날 '태극기 집회'에서 성조기를 함께 드는 이유다. 박근혜의 국정농단으로 말미암은 탄핵은 미국과 전혀 관련이 없음에도 그들에게 성조기는 태극기와의 같거나, 심지어 더 소중한 초월적 상징으로 내세워진다.

이런 맥락에서 우리의 인식체계에서 한미군사동맹과 평화가 서로 안티테제 또는 부조화 관계가 될 수도 있다는 가능성은 성립하지 않는다. 무엇보다 전쟁이 한미동맹의 기원이었다는 점에서 한반도에서의 지속 가능한 평화체제 구축은 곧 동맹축소 또는 해체의 이유가 될 수 있다는 가설은 수용되기 어렵다. 과연 어느 수준의 평화확보가 동맹 해체의 이유가 될 것인가에 대한 논란은 있겠지만 이러한 논리 구조의 타당성 자체를 훼손할 수는 없는데도 말이다. 이삼성 교수의 주장대로 미국 측의 급격하고 일방적인 동맹 해체가 아니라면 한미동맹의 유연화 또는 더 나아가 미군 철수는 한반도 평화체제의 구축과정이 될 수도 있다. 그러나 동맹 약화는 물론이고 유연화 논의조차도 반평화적인 것으로 매도될 가능성이 클 정도로 경직되어 있기 때문에 한미동맹을 통한 안보 확보를 넘어서는, 또는 군사동맹을 극복하는 적극적 평화체제를 기대하기는 여전히 어렵다.

3. 한미동맹의 딜레마

한미동맹은 안보 딜레마와 동맹 딜레마를 겪고 있어 한반도 평화체제 구축에 장애로 작동하고 있는 측면이 있다. 국제정치에서 말하는 안보 딜레마는 상대국가의 위협에 대비하기 위해 군사력을 증강하는 행위가 상대국가에 위협으로 인식되고, 이로 인해 상대국가도 군사력을 증강함으로써 자신을 위협하게 되는 상황을 말한다. 경쟁적 군비 확장을 초래함으로써 결국 쌍방에게 모두 안보 불안을 초래하는 것인데, 남북이 대치하고 있는 한반도는 안보 딜레마의 전형적인 구조가 고착되어왔으며, 반복적으로 전쟁발발의 위기상황을 조성해왔다.

한국 입장에서는 북한이 장사정포의 전진배치, 기습공격을 위한 비정규전 개발, GDP 대비 과도한 군사비 지출, 그리고 최근 핵무기와 미사일까지 개발하는 등 공격적인 군사력을 확장하는 것이 안보 딜레마의 근본 원인이라고 본다. 그러나 북한입장은 남북한을 단독으로도 비교해도 한국이 우위에 있는데, 한미 양국의 연합전력은 압도적 위협이며, 핵개발은 이에 대한 필수적인 방어책이라고 주장할 것이다. 이것이 핵무기 포기의 전제조건으로 미국의 대북 적대시 정책 포기를 요구해온 이유기도 하다. 한미 양국이 북한이 핵을 포기하면 체제붕괴를 추구하지 않을 것이라고 말하지만, 상호신뢰가 없는 상황에서 북한이 이를 그대로 수용하기는 어렵다. 특히 2017년 당시 트럼프 정부가 제재를 강화하고 전략자산을 동원하면서 무력시위를 하는 상황을 북한은 위협적이라 느낄 수밖에 없고, 핵의 포기보다 더욱 핵개발 가속화를 포함한 군비경쟁에 매달리도록 만들었다.

안보 딜레마로 인해 한반도에서 여러 차례 실제로 무력충돌로 이어질 뻔했다. 그중에서도 1990년대 초의 위기 상황은 안보 딜레마로 인한 군사충돌의 심각한 위기 사례였다. 1993년 북한이 NPT 탈퇴를 선언한 이후 외교적 해결 시도가 좌절되자 미국에서는 강경론이 득세하였고, 유엔 제재와 더불어 군사적 방안을 적극적으로 강구했다. 이듬해 봄부터는 미군의 공격적 무기들이 증강 배치되었고, 영변의 핵시설 타격이 검토되었다. 한국군도 6월 대규모 육해공 합동 군사훈련을 했고, 북한 역시 전시체제에 돌입했다. 김영삼 대통령이 한국 정부의 동의 없는 군사행동은 반대했지만, 위기는 해소되지 않았다. 같은 상황은 2017년에도 재현되었다. 북한의 핵실험 및 탄도미사일 도발에 대해 트럼프 행정부는 공격적인 전략자산을 동원하면서 예방적 선제공격 가능성을 제기했다. 1994년과 마찬가지로 문재인 대통령이 한국의 동의 없는 선제공격은 불가하다고 주장했지만, 군사적 충돌의 가능성은 쉽게 해소되지 않았다.

한미동맹의 또 다른 딜레마는 방기와 연루의 딜레마이다. 동맹을 체결하는 이유는 안보위협문제를 해결하기 위해 도움을 받기 위함인데, 막상 상황이 닥쳤을 때 버림을 받을 수도 있다는 '방기(abandonment)'의 우려가 있고, 또 자신의 안보가 위협받지 않은 상황에서 동맹파트너의 이익을 위해 분쟁에 휘말릴 '연루(entrapment)'의 우려가 동시에 존재한다. 즉 동맹은 안보위협에 대한 대비책이지만 동시에 안보에 위협이 되는 양면성을 가지고 있다. 한미동맹처럼 비대칭적으로 체결되는 전형적인 보장 동맹의 경우 약소국은 강대국의 보호를 약속받고, 강대국은 안전보장을 제공하는 대가로 영향력을 행사할 수 있다. 그런데 보장 동맹의 경우 일반적으로 강대국은 연루의 위협을 많이 느끼지만, 약소국은 방기의 위협을 많이 느끼게 된다. 한미동맹의 경우 비대칭성에 따라 한국이 끊임없이 방기의 두려움을 느껴왔다고 한다면 반대로 미국은 원하지 않는 역내 분쟁에 연루될 것에 대해 더 우려해왔다. 약소국은 강대국으로부터 버림받지 않기 위해 자율성에 대한 제한을 기꺼이 수용하는 경향이 있다. 한국은 미국으로부터 버려지는 두려움을 피해 미국의 이익에 부합하려 노력했고 이것이 맹목적 대미의존의 주요 원인으로 작용했다.

4. 한미전략동맹과 한미일 3각 동맹의 반평화적 함의

한미동맹은 대외환경의 변화에도 불구하고 안보 딜레마와 동맹 딜레마를 지속적으로 겪어왔으며, 이로 인해 동맹과 한반도평화의 부조화는 심화 되었다. 따지고 보면 1990년대 냉전 구조가 소멸하고 북한의 위협이 현저히 감소하자 과거보다 상대적으로 방기에 대한 두려움은 감소해야 했다. 하지만 네오콘의 세계전략으로 말미암아 연루의 위협이 커졌음에도 한미동맹은 방기에 대한 경로 의존적 우려가 작동함으로써, 동맹의 비대칭성과 경직성은 변하지 않았다. 미국의 전략변화와 동시에 남북정상회담으로 대표되는 남북 화해 분위기를 이끈 김대중과 노무현의 두 진보 정권에 의해, 보다 상호적이고 평등한 동맹을 추구하였으나, 전술한 것처럼 큰 성과 없이 막을 내렸다. 오히려 대북억지에 한정된 주한미군이 미국의 세계전략에 맞추어 지역군화하고, 한미동맹도 역시 이런 목적을 위해 변화를 요구받았다.

한미동맹이 북한만이 아니라 중국을 겨냥하는 동맹으로의 전환을 요구받기 시작한 것이다. 부시 행정부는 주한미군의 소위 '전략적 유연성'을 모색하면서, 한국의 동참을 압박했다. 노무현 정부는 미국의 전략을 이해하지만, 원하지 않는 동북아지역 분쟁에 대한 연루를 우려해 유사시 한국의 동의를 얻어야 한다는 제한장치를 마련한 후 합의해주었다. 그러나 이러한 노력은 국내정권이 보수 정부로 넘어가면서 무위로 끝나버린다. 2008년 이명박 정부가 부시행정부에게 '21세기 전략동맹'을 제의해 합의하게 되는데, 한미동맹의 격상이라고 하지만 그보다는 전략적 유연성을 포함한 미국의 아시아전략을 우리가 전면적으로 수용하게 되었다는 점에 주목해야 한다. 한미동맹의 전형적 비대칭성은 냉전체제에서 불가피한 측면이 없지 않았다. 그러나 위계적 한미동맹이 개선되지 않은 상태에서 출범한 한미 전략동맹은 동맹의 목적을 확대 또는 모호하게 만듦으로써 미국의 통제력을 더욱 확장할 여지가 다분하다.

전략동맹은 박근혜 정부에서 계승되었는데, 한미동맹 60주년을 맞아 한국이 미국의 21세기 글로벌 파트너로 격상되고 국력에 맞는 책임을 부여받은 것이라고 주장했다. 그러나 글로벌 협력이라는 이름으로 미국의 세계 전략적 필요에 따라 우리 군대와 물자가 동원될 수 있는 여지를 키우고, 방위비분담 증가와 무기구매압력으로 이어질 개연성을 높였다. 이렇게 볼 때 한미동맹은 한반도를 둘러싼 역사 및 구조적 변화에 대해서 제대로 대응해내고 있다고 보기 어려운데, 미국의 세계전략 변화에 대해서는 충실한 반영이 이루어진 것이다. 이는 동맹 격상이라는 슬로건이 무색하게 대미의존 관계를 답습하고, 동맹의 연루 위험을 증가시키는 등 반평화적 함의를 지닌다.

한편 미국의 대외정책은 중국의 부상에 대한 대처에 집중되고 있는데, 오바마(Barack Obama) 집권 이후 소위 '샌프란시스코 체제'라고 불리는 냉전적 동맹네트워크의 부활을 통한 재균형 전략으로 수렴시키려 했다. 특히 한미일 3각 동맹의 구축을 통한 대중견제 또는 봉쇄는 미국이 심혈을 기울이고 있는 전략이다. 사실 냉전이 붕괴한 이후 미국의 대외정책은 부시 행정부로부터 클린턴 행정부까지 약 10년 동안 뚜렷한 방향을 정하지 못했었다. 질서재편과 관련된 새로운 원칙들을 세우기 위해 노력했으나 이를 종합할 수 있는 그랜드 전략을 구축하는 데는 어려움을 겪었다. 미국의 패권적 영향력은 냉전체제와 연동되는 것이어서, 냉전체제의 해체는 곧 미국의 영향력 감소와 연결될 수 있었다. 또한, 냉전적 대결구조의 해체가 곧바로 지속 가능한 평화로 이어지지 않았다. 내전과 종족분쟁, 실패한 국가, 테러리즘 등의 부상은 물론이고, 잠시 소강상태를 보였던 열강들의 군비경쟁은 오히려 가열되었다.

이런 안보외교정책의 과도기와 혼란기를 종식한 전환점은 9.11 테러사건이었는데, 역설적으로 새로운 적의 출현이 안보개념의 혼란을 명료하게 해줌으로써 대외정책이 안보와 군사 중심으로 복귀하게 했다. 미국의 군사주의로의 복귀는 동맹국인 한국과 일본에 직접적 영향을 끼쳤는데, 일본을 아시아태평양 안보전략의 중추로 삼았으며, 미일 동맹을 미영 동맹의 수준으로 발전시키고자 했다. 이 과정에서 한국과 일본의 대응은 달랐다. 일본은 미국의 의도를 가감 없이 수용하였던 반면에, 한국의 진보 정부는 자율성을 확보하고, 미국의 세계전략에 연루되거나 동원되지 않기 위해 노력했다. 한국은 남북관계가 개선되면서 동맹의 위협인식에서 차이를 보임으로써 갈등을 겪었다.

미국의 반테러 전략은 그러나 미국의 그랜드 전략이 되지는 못했다. 즉, 9.11이 매우 충격적이기는 하지만 테러리즘이 미국 대외정책을 결정하는 독립변수가 되기는 어려웠다는 말이다. 독립변수로 급부상한 것은 중국 문제였다. 부시정권 이후 미국은 세력 전이의 국면으로 인지하고 일단 대중 양면전략을 채택함으로써 협력과 봉쇄 어느 한쪽으로 흐르지 않고 상황에 따라 대처해왔지만, 시간이 흐를수록 갈등은 확산일로였다. 오바마 정부는 아시아재균형 전략을 통해 중국에 대처한다는 노선이었는데, 이는 한미일 '의사 동맹의 실질화 전략'으로 볼 수 있다. 미국이 대아시아 전략에서 한미일 3각 군사협력을 본격화하고, 현재 및 부상하는 위협에 북한과 중국을 포함함으로써 한미동맹과 미일 동맹의 위협인식을 일치시키고자 했다. 2015년 아베(安倍晋三)의 방미와 미일 안보가이드라인의 개정은 대중봉쇄를 위해 미일 동맹을 강화했고, 본격적으로 한국에 진영선택을 압박했다. 미국의 세계전략에 대해 일본은 적극적 경비분담 및 역할분담 의지를 통해 미중의 갈등구조로 가는데 아예 촉매가 되기로 작정했고, 우리는 미중 사이에서 난처하면서도 한미동맹의 냉전적 프레임에 갇혔다.

5. 트럼피즘과 미국발 한미동맹의 세속화

한미동맹은 65년간 유지되면서 역사상 그리고 현존하는 가장 성공적 모델로 평가받는다. 동맹은 한반도평화의 요건을 넘어 거의 동일시되어 왔다. 대외환경이 변화할 뿐 아니라, 한국의 민주주의가 성숙해지고, 경제가 발전하면서 대미자율성 및 동맹의 상호성 제고를 통한 기존 동맹체제의 조정 요구가 있어 왔지만, 그때마다 한미동맹의 재조정 시도는 반평화적 종북으로 매도되면서 좌절되었다. 특히 전술한 바와 같이 진보정권 10년간 동맹파트너의 위협인식의 차이가 노정되면서 시작된 한미동맹의 축소 논의는 인식 및 제도적 관성의 안정성을 위협하는 수준까지 갈 뻔했지만, 강력한 경로의존성을 발휘하면서 신화적 지위를 회복했다. 탈냉전과 더불어 이완되었던 대외 위협환경이 북한의 핵미사일 개발로 인해 다시 제고되었으며, 한미동맹 재강화로 이어졌다.

그러나 시간이 갈수록 한미동맹도 군사동맹이 구조적으로 내포한 반평화적 요소가 커지고 있으며, 이에 따라 한미동맹과 평화의 맹목적 동일시가 불편해지는 것도 사실이다. 세속화를 조건으로 보다 수평적으로 유연화되는 길이 평화를 앞당길 수 있다는 문제제기가 다시 등장한다. 국제정치환경이 꾸준히 변화하고 인식에 대한 괴리가 지속적으로 커진다면 동맹관계의 근본적인 변화로 충분히 이어질 수 있다는 것은 구성주의 국제정치학자 스테판 월트(Stephen Walt)의 지적이기도 하다. 경로의존성을 신봉하는 신제도주의자들 역시 '높은 전환비용'에 대한 우려로 기존의 안정적 질서가 변화하기 어렵다는 점을 주장하면서도, 그것이 영원하다고 하지 않는다. 어느 순간 기존질서에 대한 저항을 제도적 관성으로만 잡아둘 수 없게 되고, 단기적으로 높은 전환비용을 물고서라도 변화를 선택할 수 있다는 것이다.

이런 맥락에선 문재인 정부와 트럼프 정부가 출범하면서 동맹은 새로운 전환점에 들어섰다고 판단된다. 트럼피즘은 미국발 한미동맹 신화의 세속화 조짐일 수도 있다. 트럼피즘이 지향하는 '미국우선주의(America First)'는 국가라면 얼마든지 당연한 국익추구의 대외정책과는 근본적으로 다르다. 그것은 상대가 동맹이든, 적이든 상관없이 이익을 위해 수단 방법을 불문하겠다는 것이다. 여기에다 트럼프는 단기적이고 사업적인 이익만 추구할 뿐 더 이상 인권, 민주주의, 평화 등 가치를 덧입히지 않는다. 비록 '원칙에 기반한 현실주의(principled realism)'로 명명함으로써 안보, 번영, 인도주의 등을 통한 세계평화 등 미국대외정책의 가치적 측면을 첨가하고 있지만 이것이 2차대전 이후 세계를 이끌어온 다자적 국제협력 또는 소위 '원칙에 기반한 자유주의 국제질서(Rule-based international liberal order, RBIO)'가 아닌, 철저하게 미국의 주관적 기준에 의해 결정되는 것이다.

2017년 9월 트럼프의 첫 UN 연설은 트럼피즘의 반평화적 함의를 가장 극적으로 보여주었다. 그는 김정은을 자살 임무에 나선 로켓맨으로 조롱하고 북한을 완전히 멸절해버릴 것이라는 등의 극단적 표현을 사용했다. 북한 김정은의 핵개발과 인민들에 대한 탄압은 비난받아야 마땅할 반평화의 상징과도 같지만 그럼에도 평화의 전당이라고 할 수 있는 유엔을 생각하면 매우 충격적이다. 이는 부시 대통령이 유엔이 승인하지 않은 이라크전쟁을 일방적으로 무시하고 감행했던 것처럼 다시 유엔의 평화적 권위를 무시한 것이다. 특히 유엔의 한국전쟁 참여는 집단방위체제의 발동이었고 한반도 평화를 지켜준 상징이었으며, 현재까지도 한미동맹의 평화적 정당성은 유엔사의 존재로 지지되는 측면이 크다는 측면에서 우리에게 시사하는 바는 매우 크다.

트럼프는 역대 미국 대통령들이 다자협력을 지지하고 미국의 선한 리더십을 정당화시키는 가치에 대한 신념을 강조해온 것과 확연한 차이를 보인다. 물론 어떤 미국 대통령도 가치로 포장을 했을 뿐 자국 이익보다 앞세우지 않았다. 좋게 말하면 트럼프는 위선의 허울을 벗어던지고 솔직하게 표현한 것에 불과할 수도 있다. 그러나 트럼피즘은 단순히 위선을 벗어던진 것이 아니라 다자적인 국제협력질서에 대해 안티테제를 투사한 것이다. 이를 두고 고단수의 '미치광이 전략'이라는 평가도 있지만, 품격이라고는 찾아볼 수 없는 조폭의 리더십에 가깝다. 트럼프의 언행은 국내외 할 것 없이 편 가르고 싸움을 조장하는데, 여당인 공화당과도 충돌하고, 자신이 임명한 국무장관까지 조롱한다. 전쟁이 나더라도 한국에서 수천 명이 죽을 뿐 미국은 상관없다는 막말도 서슴없다.

발칸반도와 함께 지정학적 저주로 불리고 있는 한반도에서 미국을 동맹파트너로 삼고 있다는 것은 분명 자산이다. 북한의 핵위협은 물론이고, 중국의 부상은 오히려 한미관계의 중요성을 증대시킨다. 그러나 미국이 자신의 이익을 위해 평화부재의 상태를 활용하면서, 우리에게는 동맹비용이 일방적으로 높아지는 것은 간과하기 어렵다. 트럼프는 여러 차례 한미동맹을 단순한 동맹 이상으로 위대한 동맹이자 영속적인 동맹이라고 치켜세웠다. 그러나 이면에는 핵위기를 빌미삼아 FTA, 주둔분담금, 미사일 방어, 한미일 군사협력 등에서 이익 챙기기에 여념이 없다. 그러나 트럼프가 브레이크 없이 자국이익을 위해 한국에게 지속적으로 동맹부담을 가중시킨다면 동맹은 흔들릴 수밖에 없다. 역설적인 것은 미국이 동맹의 신화를 깨트리고 객관화와 세속화를 추동하고 있다는 점이다. 트럼피즘은 동맹비용 상승의 덫에 대한 현실감을 극대화시킴으로써 신화적 지위를 흔들고 있는 것이다. 이런 추동이 한국에서 시작되었다면 과거처럼 비판과 저항으로 인해 좌절되었겠지만 미국이 주도한다는 면에서 전혀 다른 결과로 이어질 가능성도 있다.

6. 한반도 평화 비핵화프로세스와 한미동맹

2017년 이후 꾸준하게 이어온 문재인 정부의 한반도평화프로세스는 우리 민족의 평화와 번영의 미래를 위해 필수적인 동시에 냉전 구조의 종국적 청산이라는 세계사적 함의를 담고 있다. 그러나 우리가 당면하고 있는 국제정치의 대외환경은 오히려 부조화가 커지고 있다는 점에 주목해야 한다. 세계적 차원에서 냉전이 붕괴하고 탈냉전이 도래하며 평화적 대외환경이 조성되었던 1990년대 초와 비교해도 현재 한반도가 처한 환경은 훨씬 어렵다. 당시에는 동서독은 이를 잘 활용해서 통일을 이루었으나, 남북한이 통일은커녕 오히려 대결구조를 오히려 심화시켰다. 세계는 프란시스 후쿠야마의 예언처럼 인간 갈등의 역사에 마침내 종지부를 찍을 수도 있는 분위기였으므로, 남북의 화해만 있었다면, 그리고 궁지에 몰린 북한의 체제 위협의 공포를 완화했더라면 한반도평화는 어쩌면 가능할 수도 있었을 것이다.

반면에 지금 우리가 처한 대외환경은 훨씬 더 나빠졌다. 시간 지체로 인한 관성의 강화만이 아니라 구조적 부조화가 중첩되어 있다. 그 중심에 제2차 세계대전 이후 계속된 자유주의 국제질서가 급격하게 힘을 상실하면서 문명사적 전환의 시대를 맞고 있다. 미국을 비롯한 서구 선진국들은 '규칙에 기초한 자유주의 국제질서(Rule-based Liberal International Order)'의 준수를 여전히 주창하지만, 핵심축인 민주주의와 시장 자본주의가 심각하게 흔들리면서 위기에 봉착했다. 시장 확대를 통해 유사 이래 최고의 번영을 누렸지만, 번영의 과실은 전혀 고르게 분배되지 않았고, 내부적으로 강요된 희생과 불평등을 초래했으며, 이는 자본주의를 지탱하는 중산층의 붕괴로 이어졌다. 세계화에 특화된 기업과 자본은 기회와 이익의 확장으로 부를 축적했지만, 노동자는 지속적인 임금삭감과 자산하락으로 고통받았다. 시장의 왜곡은 민주주의의 정당성도 훼손해버렸다. 절차적 민주주의는 간신히 유지되는 듯 보이지만, 권위주의와 선동적 참주 정치로 진정한 민주주의는 질적으로 훼손되고 있다. 불확실성과 불안정성, 그리고 불평등성은 국제정치에서 미중간 패권경쟁과 배타적 민족주의의 발흥과 연동되고 있다.

트럼프의 대표적 슬로건인 '미국 우선주의(America First)'와 브렉시트를 가능하게 한 '영국 우선주의(Britain First)'는 내부의 실패를 외부의 탓으로 돌리기 위해 배타적 민족주의가 동원된 아주 전형적 사례이며, 전 세계적으로 다수의 국가가 뒤따르고 있다. 과거에는 국제정치가 국내정치에 훨씬 큰 영향을 끼쳤지만, 최근에는 국내정치가 국제정치에 끼치는 영향이 훨씬 커졌다. 이에 따라 강한 리더십을 내세워 외부로부터의 안보위협을 과장하고, 군비경쟁을 강조하는 극우 민족주의와 안보장사꾼들이 활개 친다. 그 결과 세계화 시대를 맞아 자유주의 제도와 초국가적 협력이 확산될 것으로 기대했지만 예상과 달리 오히려 '지정학의 부활'이 본격화되었다. 패권의 추억은 강경한 대외정책을, 국제협력에 대한 피로감은 고립주의를, 개방과 이민에 대한 반감은 인종주의를 부추긴다. 이로 말미암아 모순적인 고립주의와 대결주의가 공생하게 되는 것이다.

신민족주의의 발흥과 경쟁적 군비 강화는 동북아에서 특히 심각하게 전개되어왔다. 지난 박근혜 정부는 물론이고 현재의 트럼프, 시진핑(習近

平), 아베, 푸틴(Vladimir Putin), 김정은은 하나같이 국내의 권력 공고화를 위해 대외위협을 과장하는 안보포퓰리즘을 기본노선으로 채택하고 있다. 한반도는 이러한 현상들이 집중되면서 갈등과 긴장 수위가 계속 높아졌다. 냉전이 끝난 지 사반세기가 넘었고 남북한의 국력이 엄청난 격차를 보임에도 분단구조는 깊어졌다. 남북의 대치 관계는 미중과 중일의 진영대결의 땔감으로 작동했으며, 북한의 핵무기 고도화와 남북관계 악화로 한반도는 분단고착을 넘어 지난 2013년~2017년에는 실질적인 전쟁위기 상황에까지 치달았다.

1990년대와 비교해 훨씬 나빠진 현재의 대외환경이 의미하는 것은 무엇일까? 한편으로는 한반도평화프로세스의 성공을 달성하기에 매우 어렵게 되어가고 있다는 것이다. 사적 권력을 유지하고 강화하기 위해 대외위협을 과장하고 강함을 과시하려는 속에서 평화를 실현하려는 운동은 언제나 작동하기 힘들다. 문재인 대통령의 평화정책이 대내외적으로 히틀러(Adolf Hitler)의 독일이 부상하는 것을 방조했다는 혐의를 받은 '유화정책(appeasement policy)'의 재현으로 비판받는 것도 같은 맥락이다. 그러나 다른 한편으로는 이런 어려운 대외환경 속에서 살아남기 위해서라도 한반도평화프로세스는 반드시 성공해야 함을 의미한다. 미중패권의 대결구조 속에서 안보는 미국, 경제는 중국에 절대적으로 의존하는 왜곡된 구도는 우리에게 엄청난 시련을 주었던 사드 분쟁을 하나의 예고편에 불과하게 만든다.

이런 가운데 우리는 2018년에 대전환을 이루었고, 역사적 기회를 맞게 되었다. 평창올림픽과 남북의 극적 화해, 11년 만의 남북정상회담, 그리고 6월 12일 싱가포르에서 엄청난 역사가 만들어졌다. 전쟁과 분단의 시대를 마감하고 새로운 공존과 평화의 시대로 향하는 문이 열렸다. 센토사

섬 카펠라호텔의 양쪽 회랑에서 김정은 위원장과 트럼프 대통령이 중앙으로 걸어 나와 나눈 12.5초간의 악수는 70년 묵은 적대감과 수년간 임계점까지 다다랐던 위기가 극적 반전을 맞는 순간이었다. 4월 27일이 분단과 전쟁의 상징이었던 판문점이 평화로운 한반도를 여는 새로운 상징이 되었던 것처럼, 한때는 '죽음 앞의 섬'이라는 별명을 지닌 해적과 폭력, 전쟁과 학살의 어두운 역사를 지닌 센토사 섬은 평화의 섬으로 재탄생할 기회를 얻었다.

그러나 70년의 냉전 관성은 쉽게 무너지지 않았다. 평화에 대한 엄청난 기대를 심어주었던 2018년의 한반도평화프로세스가 2019년으로 넘어오면서 벽에 부딪혔다. 오랜 교착상황을 타개하고 마침내 성사된 하노이 북미회담은 싱가포르 회담의 진전은커녕 결렬되어 버렸다. 회담에 임하는 트럼프 대통령과 김정은 위원장의 전혀 다른 태도에서 감지되었던 불길함이 현실이 되고 말았다. 겨우 형성되려던 북미 신뢰 관계가 훼손되었다. 싱가포르 회담의 의미는 70년간의 북미 적대관계를 정상들이 신뢰관계로 전환함으로써 북한은 비핵화를, 미국은 북한 체제보장을 교환하는 것이었다. 김정은은 지난 8개월간 실무진의 방해(그의 표현으로는 오해와 불신) 상황에서 트럼프를 만나서 재확인하려 했지만, 결과는 불신을 더 키워버렸다. 당시 코헨사건과 뮬러 특검 등으로 사면초가였던 트럼프는 영변 핵 폐기와 제재 일부 완화를 교환하는 합의 정도로는 비판을 면할 수 없다는 판단에서 전면 비핵화를 압박했다. 과거 북한의 전유물이었던 벼랑끝 전략을 사용했는데, 김정은이 양보하면 좋고, 아니라면 노딜(No deal)이 향후 국내 정치공세에 더 효과적이라고 계산했을 것이다. 하지만 김정은에게는 "선(先)비핵화 후(後)배신"이라는 리비아의 악몽으로 인해 수용할 수 없었다.

물론 대화의 판 자체가 깨진 것은 아니며, 북미 모두 대화를 유지하겠다는 의향을 밝혔다. 호랑이 등에 올라탄 트럼프-김정은-문재인이 누구도 먼저 내릴 수 없는, 즉 판을 먼저 깨는 측이 평화의 훼방자가 되는 구조를 확인한 점도 나쁘지 않다. 그러나 맹목의 낙관론은 위험하다. 한반도평화프로세스가 중대한 고비를 맞은 것은 분명하다. 한국이 결단과 진실의 순간을 맞이하고 있다. 국제정치에서 힘의 논리를 재확인했지만, 힘만이 모든 것을 결정하는 것은 아니다. 강자의 양보가 없는 평화는 불가능하지만, 거기에만 갇혀선 안 될 것이다. 현재의 대화국면은 제재와 군사옵션이 실패해서 온 것이라는 사실을 인식하고, 과감하게 프레임에서 벗어나야 할 시점이다. 한반도평화프로세스를 '유리그릇'처럼 다루겠다는 것은 이제 통하지 않는다. 지금까지처럼 미국의 비핵화 프레임에 인질이 된 태도에서 벗어나, 한국이 적극적으로 나설 때다. 북미가 만나게 하는 정도의 중개역할로는 안 된다는 것을 하노이 북미 정상회담이 교훈하고 있다. 우리가 중재안을 만들어 북미를 적극적으로 설득해야 한다. 상처입은 평화프로세스의 앞날은 우리에게 달려있다.

7. 결론: 한미동맹의 세속화를 통한 평화체제 구축 과제

작금의 한반도와 그 주변은 '지정학의 귀환'이라고 할 만큼 불안정한 진영 대결의 모습을 강하게 띠고 있다. 미국은 감소하는 힘의 하락을 위해 동맹네트워크를 기반으로 패권 퇴장에 저항하고, 중국은 본격적인 미국과의 한판을 각오하고 있다. 무엇보다 트럼프 행정부를 구성하고 있는 주요 인사들은 과거 부시 행정부의 네오콘 이상으로 세상을 선악으로 나누는 근본주의적이고 냉전적인 사고를 무장되어 있다. 선악의 흑백론 프레임은 협상과 외교의 공간을 축소하고 압박과 무력시위로 긴장을 형성한다. 이런 와중에서 한국의 지나친 친미주의와 맹목적 동맹지상주의는 외교의 손발을 묶어버려 운신의 폭을 좁힌다. 더욱이 미국이 북핵 문제를 동북아전략에 활용하려는 유혹에 한국주도의 남북관계 개선 노력을 지지하기보다 제어할 때가 많다. 또 미국 대외전략의 기본 플랫폼은 2017년 말에 공개된 국가안보전략(NSS)에서 확인되듯 중국과 러시아를 현상변경 세력으로, 이란과 북한에 대한 악마화 전략을 재현하면서 동맹네트워크의 부활을 정당화하였다. 이는 한국의 적극적 참여를 압박하면서 동맹의 연루 딜레마를 반복적으로 안겨줄 것이며, 사드 배치를 둘러싸고 벌어졌던 배타적 선택의 상황이 반복될 여지가 매우 커졌다.

도널드 그레그(Donald Gregg) 전 미국대사는 자신의 회고록에서 미국 대외정책의 가장 큰 문제점으로 '악마화 전략'을 들고 있으며, 이것을 북한, 베트남, 이라크, 그리고 러시아 외교실패의 가장 큰 원인이라고 규정한다. 이러한 전략은 미국이 보유한 엄청난 영향력을 긍정적으로 행사하지 못하고 낭비하도록 만들었으며, 끊임없이 자신을 곤경에 몰아넣어 왔다고 날카롭게 지적한다. 전형적 보수주의자인 그의 눈에도 미국의 근본주의가 가지는 선악의 극단적 이분법은 지금도 1950년대의 매카시즘에서 크게 탈피하지 못한 모양이다. 회고록의 마지막 장에서는 한미관계에 대해 "대사로 일할 때부터 나의 목표는 한미관계를 군사동맹 관계에서 정치적 경제적 동반자 관계로 변화시키는 일이었다."라고 밝히고 있다. 한미관계의 바람직한 미래상은 한미동맹과 한미관계를 분리함으로써 가능하다는 통찰력 있는 제언이다. 아직도 우리는 이 둘을 분리하는데 원초적 두려움을 지니고 있지만, 군사동맹의 절대적 신화는 벗어던져야 한다.

한미관계는 깊어져야지만 한미관계를 규정짓는 군사주의의 지배적 경향은 약해져야 한다.

다른 한편으로 촛불 혁명으로 탄생한 문재인 정부가 지향해야 할 가장 핵심적인 과제 중 하나는 분단체제에 기생해온 안보장사꾼들의 반미·종북·반평화 프레임의 청산이다. 촛불 혁명은 대한민국 민주주의 역사에서 4.19, 5.18, 6.10 항쟁의 연속선 상에 있으며, 대외 및 남북관계에는 6.15와 10.4의 평화와 민족화해 정신의 계승인 것이다. 이명박·박근혜 정부는 민주주의 훼손과 국정농단만큼이나 반평화집단이었으며, 분단체제를 자신들의 권력을 위해 철저하게 이용한 세력이었다. 친미반북으로 국내 이념 갈등을 증폭시킴으로써 권력획득과 유지에 골몰했다.

미국 패권의 하락과 중국의 부상에 따른 불안정한 동북아와 한반도의 역학은 국가의 명운이 걸린 엄청난 부담으로 다가오고 있다. 초강대국들의 권력 재편의 소용돌이에 이용되고 함몰되지 않도록 남북관계개선을 통해 미중 관계가 나쁠 때는 갈등의 완충자로서, 좋을 때는 협력의 촉진자로서의 역할을 감당해야 한다. 미국의 전략에 일방적으로 끌려가는 외교에서 벗어나 미국을 설득해 유연한 대북 및 대중 관계를 이끄는 영민하고 실용적인 외교를 해야 한다. 한반도 평화체제를 이루기 위해서 반드시 통과해야 하는 것이 남북관계의 정상화와 북미관계 정상화이다. 주변국들과의 관계에서는 안보포퓰리즘에 대항해 평화 담론을 적극적으로 키우지 않으면 안 된다. 평화결손의 한반도가 오히려 그 결손을 메움으로써 극우주의가 점령하려는 세계에 희망을 던질 수 있다.

시진핑 시기 중국 외교, 미중 전략경쟁, 그리고 한중관계

김흥규 | 아주대학교 정치외교학과 교수

1. 시진핑 시기의 대외정책

1) 국가대전략 구상 추진

필자는 2013년 시진핑 주석이 취임하자마자, 중국 외교에 있어서 패러다임의 변화에 준하는 변화가 진행될 것이라고 지적한 바 있다.[1] 시진핑 시기 중국은 더 이상 기존의 "도광양회"적인 온건하고 수세적인 외교에서 벗어나 보다 공세적인 외교로 전환할 것이란 주장이었다. 이는 오늘날 우리가 목도하고 있는 현실이 되었다.

시진핑 시기 이러한 변화는 세계 금융위기이후 중국의 급격한 부상과 심리적 자신감의 증대, 중국 전문가조차 예상치 못했던 시 주석의 급속한 권력 강화 및 활용 의지 등에서 연유하고 있다. 자아 정체성의 변화도 중

1 http://news.chosun.com/site/data/html_dir/2013/04/07/2013040701523.html (검색일: 2019년 6월 5일)

요하다. 중국 주류 전략사고는 중국이 더 이상 발전도상국이라기보다는 이제는 강대국이라는 인식으로 전환하였다.[2] 중국은 시진핑 시기가 들어서면서 중국 외교의 원칙으로 더 이상 기존의 "도광양회"와 같은 수세적이고 반응적인 구호를 내세우지 않았다. 대신에 "적극적인 유소작위(有所作爲)"나 주동작위(主動作爲)와 같은 원칙들을 강조하면서 보다 광역적이고, 전략적이며, 공세적이고, 전방위적인 전략과 정책들을 차례로 제시하였다.

변화의 가장 중요한 추진력은 시진핑 자신으로부터 나왔다. 2012년 가을 제18차 중국 공산당 당대회에서 당 최고지도자로 선임된 시진핑은 그 후 "중국의 꿈(中國夢)"이란 개념을 제시하면서 이를 자신의 지도사상 속에 부각시켰다.[3] 시진핑은 이를 달성하기 위해 2013년 10월 24일 개최된 주변국 외교공작 좌담회에서 "두 개의 100년" 이라는 개념을 통해 구체화하였다.[4] 중국 공산당 수립 100주년이 되는 2021년까지 중등 수준의 경제성장을 이룩하고, 중국 국가건국 100주년이 되는 2049년까지 강대국으로 부상한다는 것이다. 시진핑 주석은 더 나아가 2017년 10월 개최된 제19차 당대회에서 '시진핑 신시대 중국 특색의 사회주의 사상'으로

2 필자는 중국의 전략사고를 세 부류로 나눠 전통적 지정학파론, 발전도상국론, 신흥 강대국론으로 분류한 바 있다. 이에 대한 분석은 Kim(2010)의 Table 1 참조.

3 시는 2013년 3월 17일 국가주석으로 임명된 제12기 제1차 전국인민대표대회 폐막식 연설에서 이 "중국의 꿈"이란 개념을 9차례나 언급하였다. 중국의 꿈에 대한 자세한 소개는 http://baike.baidu.com/link?url=3tY8T4NTvsvHRAL3-uAF2-G_AttWNEvd-0ZOpKNJYY9YuWf0VcJalmN6eORaFcn4emupVWZAOLSKY5eQ7ISbkK (검색일: 2014년 7월 27일)

4 이에 대해서는 http://news.china.com.cn/txt/2012-09/21/content_26591420.htm. (검색일: 2014년 7월 21일)

명명된 자신의 전략구상을 구체적으로 밝혔다. 기존의 지역 수준의 강대국에서 2049년까지 점차 세계적 수준의 강대국으로 변모하겠다는 야심을 드러냈다. 미국을 넘어 초강대국의 지위를 추진하겠다는 국가목표를 공공연히 밝힌 것으로 해석할 수 있다. 2020년까지 중등 부유의 소강사회를 건설하고, 2020-2035년 사이에 기본적인 사회주의 현대화를 실현해 세계적인 차원의 강대국으로 부상하고, 2036-2049년 사이 사회주의 현대화 강국을 실현하여 초강대국으로 부상하겠다는 목표를 제시하였다.

시진핑은 최근 미중 전략경쟁이 구체화된 2018년에도 "중국의 꿈"을 달성하는 것이 가능하다는 확신을 지니고 있는 것으로 보인다. 중국은 시진핑 시기 들어 1978년 개혁개방 정책을 추진한 이후 설정한 적이 한반도 없던 대국가전략을 구체화하였다. 이는 베리 노튼(Barry Naughton) 교수가 "대도박(Great Gamble)"이라고 지적한 것처럼 이전과는 비할 수 없을 정도로 대규모이면서, 구체적이고, 야심차며, 전략적이었다.[5] 중국을 단숨에 세계 최대의 강국으로 만들기 위한 프로젝트가 시작되었다. 시장을 중심으로 경제를 운영하던 전략에서 벗어나 국가중심의 전통적 방식으로 전환하였다. 국가는 기술-산업개발, 세계적 차원의 일대일로 건설에 천문학적인 자금을 쏟아 부었다. 이는 각기 수천억 달러를 매년 투입하는 사상 최대의 프로젝트였다. 중국은 기존 국제질서에 대한 "게임체인저"로서 4차 산업혁명을 주도하겠다는 계획도 추진하였다. 여기에는 과거 산업혁명과 비교해, 중국이 비교적 서구와 동등한 선상에서 경쟁

5 http://dusselpeters.com/CECHIMEX/20180223Naughton.pdf (검색일: 2019년 6월 5일)

할 수 있다는 인식이 존재한다. 이들을 추월하는 기회로 활용하고자 하는 의지도 담고 있다. 2017년 기준에 의거해, 최병일 교수는 주요 10대 산업기술 분야에서 미국과 중국의 기술 격차는 평균 1.3년이라고 하였다. 서울대 산업공학과 이정동 교수가 언급한 "공간의 힘으로 축적의 시간을 압축한다"라는 의미가 실감나게 중국의 추격 속도가 점차 가속화되고 있다고 지적하였다. 새로운 산업의 핵심은 대규모 데이터의 획득과 처리, 인공지능 발전 분야인데, 권위주의 체제인 중국은 이 분야에서 사생활 보호라는 제약을 받는 서방국가를 넘어 이미 강세를 보이기 시작했다는 것이다. 그밖에도 중국은 제4차 산업혁명 시기에 중시되는 차세대 정보통신산업(5G), 혁신적인 물류공급체계, 사물 인터넷, 독자적인 GPS 체제 구축, 슈퍼컴퓨터의 독자 기술 구현, 양자분야에서의 역량, 초고속 미사일의 개발 분야에서 이미 미국과 거의 대응하거나 추월할 가능성을 보여준다.

중국은 공식적으로는 부인하였지만 중국의 이러한 대담한 전략의 추진은 기존 미국 중심의 국제질서에 대한 현상변경적인 요소를 다분히 내포하고 있었다. 이러한 대외전략은 "핵심이익 논쟁," "신형 강대국 관계론," "신아세아 구상," "일대일로 구상" "아시아 인프라투자은행의 설립안," "신형 국제관계," "중국제조 2025," "인류운명공동체론" 등에서도 이미 잘 드러났다.

시진핑 시기 강대국 외교는 후진타오(胡錦濤) 시기에 이르기까지 중국 외교의 중심이었던 우호적인 대미 관계를 전제한 세계전략에서 벗어나고 있다. 2013년 시진핑 주석의 첫 해외 순방지는 미국이 아니라 러시아였다. 러시아와의 관계를 강화하면서 미국에 균형을 맞추려는 탈미국화 전략이 추진되었다. 미국에 대해서는 "새로운 강대국 관계"가 제안되었다.

이는 상호 충돌하지 않고, 서로 공영하자는 제안이었지만 그 핵심에는 미국과 동등한 관계를 추구하겠다는 의지를 담고 있었다. 중국의 핵심이익은 반드시 수호할테니 이를 존중해달라는 요구도 담겨졌다.

〈표 1〉 중국내 전략사고의 분화와 정책정향[6]

	전통적 지정학론	발전도상국론	신흥강대국론	강대국론
중국의 위상	전통(사회주의) 강국	지역 강국	세계적 강국 지향	세계적 강국
미국과 관계	경쟁	협력	견제적 관여(헤징)	경쟁과 독자 영향권 확보
일본과 관계	적대	협력 → 견제 및 대립	갈등 악화	포용과 견제
한반도 정책	영향력 회복 북한편향	현상유지 남북균형정책 추진	현상유지 원칙, 변화 가능성도 내포 한국 편향강화	영향권 확보 남북 균형과 압박 정책
주도 시기	정쩌민 시기에서 후진타오 1기	후진타오 1기~2기	시진핑 1기	시진핑 2기
대표 개념	순망치한(脣亡齒寒), 돌돌핍인(咄咄逼人)	도광양회(韜光養晦)	유소작위(有所作爲), 대유작위(大有作爲)	중국제조 2015 일대일로(一帶一路) 중국몽(中國夢)

6 Kim(2010)의 Table 1에서 제시한 내용을 수차례 수정을 거친 결과물임.

시진핑은 집권하자마자 주변국 외교에 대해 특별한 강조를 하였다. 시진핑은 2013년 10월 첫 주요 외교공작회의로 〈주변외교공작 좌담회〉를 개최하여 향후 5-10년 중국 주변국 외교의 전략목표, 기본방침, 정책 등을 설정하였다. 기존 대주변국 외교방침인 주변국과 우호하고(與隣爲善), 주변국을 동반자로 삼으면서(以隣爲伴) 주변국과 화목하고, 평안하게 하며, 부유하게 한다는 정책을 유지하면서도, 새로이 친목하고(親), 정성을 다하며(誠), 혜택을 나누며(惠), 포용한다(容)는 이념을 덧붙였다.[7] 중국이 역사적으로 주변국 외교를 강조할 때는 기존의 강대국과 깊은 갈등을 겪고 있을 때였다. 이제는 중국 스스로가 강대국으로서 주변국 외교를 적극 관리하면서, 동시에 영향력을 확대하겠다는 의지를 보여주었다. 당시 필리핀, 베트남, 북한[8] 등과 같이 중국의 의지에 적극적으로 반하는 정책을 표방하는 주변국에 대해서는 무력을 포함한 압박을 강화하고 적극적으로 견제를 하였으며, 한국이나 동남아 국가들과 같이 경계선에 있는 주변국에 대해서는 적극적인 포용정책을 전개하였다. 중국의 새로운 외교에 있어 주변국을 중국 외교의 적극적인 관리와 영향력 확대의 공간으로 설정하였다.

중국이 주변국 외교를 더욱 중시하게 된 배경에는 새로운 중장기적으로 유라시아 대륙의 허브가 되고자 하는 원대한 구상과도 맥이 닿아있다. 중국은 중앙아시아와 유럽 전역을 연결하는 신 육상실크로드와 더불어

---

7 http://news.xinhuanet.com/2013-10/25/c_117878944.htm (검색일: 2014년 7월 21일)

8 북중관계에 대해서는 국내외적으로 다양한 견해가 있어, 이 부분에 대해서는 논쟁이 가능하다. 최근 북중관계의 변화를 강조하여 정리한 글은 정덕구·추수롱 (2013)을 참고할 것.

인도, 미얀마, 방글라데시, 파키스탄 등을 연결하는 신 해상실크로드 구상을 동시에 추진(이는 추후 일대일로 정립)하였다. 이를 연결하면 중국은 유라시아 대륙에서 교통, 무역, 경제협력, 인적 교류의 중심지로 부상하게 되는 것이다. 동시에 중국 안보의 취약점인 에너지 공급을 안전하게 확보할 수 있게 된다. 또 이러한 대규모 인프라 구축 사업의 재정 및 금융지원을 위해 2015년 "아시아인프라투자은행(AIIB)" 설립하였다. 시진핑 주석이 주도하고 있는 보다 자신감 있고, 야심찬 대외·안보정책이 그의 권력 강화에 크게 기여한 것으로 보인다. 중국의 꿈을 이루기 위한 수단으로서 국내적으로는 강한 반부패 및 법치 개혁, 민족주의 정서의 고양, 강한 군사력의 확보, 주권 수호의 의지에 대해 단호한 태도를 보여주고 있다. 이는 국내발전과 경제의 종속적인 영역으로만 인식되었던 대외정책과 안보영역이 이제는 보다 독립적인 변수가 되고 있음을 보여준다. 후진타오 시기와는 비교할 수 없이 핵심이익과 관련한 사안에 대해서는 경제적인 합리성을 희생해서라도 전략적인 목적을 달성하겠다는 의지를 보여주었다. 그리고 이러한 중국의 꿈을 달성하기 위한 수준의 군사력 보유도 구체적인 목표가 되었다. 중국은 국방개혁을 단행하면서 실제 2049년까지 세계 최고 수준의 군사력확보 계획을 공표하였다.

시진핑 시기 중국 외교는 오랜 세월 중국 국민들이 안고 있었던 서구와 일본 제국주의 시대의 좌절, 서구에 대한 열등감 등을 떨어내면서 중국이 이제는 가시적으로 강대국의 일원이라는 확신을 국민들에게 안겨주었다. 시진핑은 2014년 5월 상하이에서 개최된 '아시아 교류 및 신뢰구축회의(CICA)'의 기조연설에서 미국을 배제한 아시아인 중심(실제는 중국 중심)의 아시아 안보구상을 제안하기까지 하였다. 시는 이처럼 중국인들의 민족주의적 열망과 자긍심에 적극 부응함으로써 국내정치개혁을 추진할 지지를 확보하고 자신의 권력을 공고히 하였다.

2) 미국의 대중 전략에 대한 적극적 대응과 "일대일로 구상"의 추진

시진핑 외교안보 전략은 당시 미국의 아시아 재균형(rebalancing) 전략에 대응하는 모양새를 띠었다. 이는 크게 "신형 강대국관계," "핵심이익," "역균형 전략"으로 정리할 수 있겠다. "신형 강대국관계"의 주 대상은 미국이었다. 이 개념은 우선, 중국의 새로운 국제적 지위를 반영하는 상호 평등하고 호혜적인 관계를 요구하고, 둘째, 중국은 국제 질서 안에서 미국의 권위나 군사적 우위에 직접적으로 도전하지 않지만, 비군사적 방식으로 미국과 계속 경쟁을 하겠다는 것이며, 셋째, 상호간의 핵심이익 혹은 특별히 중시하는 전략적인 사안은 존중해주기를 요구하는 것이다.

중국의 핵심이익 개념은 전통적인 "영토주권" 개념에 "발전이익"이 결합한 것이다. 현재까지 가장 권위 있는 해석은 2011년 중국의 『평화발전백서』에 나오는 6가지 분류인데, 이는 "중국의 주권, 국가안보, 영토수호, 국가통일, 당과 정치 질서의 유지, 지속적인 경제발전과 사회적 안정의 유지"이다. 이 개념은 점차 범위를 확대하여 남중국해 역시 핵심이익의 공간인 것처럼 해석하고 있다. 중국은 "핵심이익"개념 논쟁을 통해 중국의 영토, 영해, 주권과 관련한 사항은 결코 양보나 타협의 대상이 아님을 분명히 하였고, 이와 관련해 일본과의 댜오위(센카쿠) 열도 분쟁에서 단호한 모습을 보여주었다. 이는 중국인들로부터 광범위한 호응과 지지를 이끌어 내고 있다.

시진핑 체제 중국외교의 또 다른 주요 개념은 "역균형 전략"이다. 미국의 '아시아로의 회귀(Pivot to Asia)'에 따른 대중 압박 전략에 대한 대응책이기도 하다. 미국의 대중 포위망에 대한 대응으로 중국은 직접적인 충돌보다는 러시아, 유럽, 아프리카 등 역외 국가들과의 관계를 강화하고 있다. 2013년 시진핑 주석의 첫 해외순방은 미국이 아니라 러시아였으며, 다음으로 아프리카와 남미를 택하였다. 리커창(李克强) 총리는 인도, 파키스탄, 동유럽을 방문하였다. 왕이(王毅) 외교부장은 동남아 방문하였다. 동시에 중국의 일대일로 전략을 선으로 연결하면 미국의 아태 동맹 및 협력 체제를 역으로 포위하는 양상을 보여준다. 특히 최근 6월 시진핑의 러시아 방문에서 푸틴 대통령과 일대일로 협력을 북극해까지 확대하기로 한 것은 의미심장하다.[9]

시진핑 시기 중국 외교·안보 정책은 그 변화의 방향이 보다 근본적인 현상 변경의 성격을 동시에 내포하고 있다는 점이다. 필자를 포함한 많은 중국 전문가들과 미국의 주류 전략가들은 중국이 여전히 수많은 국내적인 문제를 안고 있고, 금융·경제적인 역량이 여전히 취약한 면을 지니고 있어, 현상변경적인 게임은 하지 않을 것으로 평가했었다. 그러나 이러한 기대는 틀렸다는 것이 곧 증명되었다. 시진핑의 "아시아 신(新)안보선언"이나 "아시아 인프라투자은행" 설립 구상은 기존의 보수적인 예측보다 중국이 보다 과감한 외교안보 구상을 전개하고 있다는 것을 보여주었다.

중국의 "신형 강대국 관계" 제안은 미국의 재균형 전략에 대해 다소 수세적이면서 대응적이었다. 후진타오 시기 "발전도상국론"자들이 지닌 전략적 사유의 영향을 내포하고 있었다. 그러나 2014년 5월 "아시아 교류

---

9 시진핑 방러에 대한 보도는 http://www.81.cn/jmywyl/2019-06/08/content_9525584.htm (검색일: 2019년 6월 8일)

및 신뢰구축 회의(CICA)"에서 시진핑이 제기한 "아시아 신안보선언"은 대단히 주도적이고 도전적인 성격마저 띠고 있다. 시진핑 주석은 이 회의 개막연설에서 "아시아의 안보는 아시아인이 지켜야 한다고 선언"했다. 이 CICA는 1992년 결성되어 26개국이 참여하고 있으며, 러시아와 중국이 주도하면서 미국이 배제된 상태에서 운용되어 왔다. 시의 선언은 중국이 주도하면서 미국을 배제한 채, 서방의 북대서양 조약기구(NATO)와 유사한 아시아판 다자안전보장체제를 형성하겠다는 의지로 비춰진다. 새로운 안보관은 "다른 나라의 희생을 기반으로 자신의 안보를 도모해서는 안된다"라고도 언급하여 미국 중심의 동맹체제에 대한 암묵적인 비판을 보여주고 있다.[10] 중국의 새로운 안보 선언은 러시아의 지원을 받고 있으며, 이미 2011년 국제정세분석과 대응책에서 드러났듯이 중국의 새로운 국제 제도를 통한 영향력 확대 시도로 평가된다.

중국의 이러한 시도는 다음과 같이 해석되었다.[11] 첫째는 CICA를 향후 아시아의 안보를 논의하는 주요 플랫폼으로 성장시킨다는 계획이다. 기존의 상하이 협력기구와 더불어 아시아판 안보기구로 확대할 것으로 보인다. 둘째는 아시아 지연정치에 있어서 미국을 배제하고 중국이 주도하겠다는 의지를 가시화하였다는 점이다. 이는 후진타오 시기에는 상상도 할 수 없었던 시도이다. 세 번째는 아시아 안보문제에 관한 시진핑의 새로운 안보관을 전파하고, 새로운 안보 비전을 제시하면서 중국의 리더십을 고양시키겠다는 것이다. 이 안보관은 포괄적 안보, 협력 안보, 공동 안

---

10 http://news.xinhuanet.com/mrdx/2013-04/08/c_132290755.htm (검색일: 2014년 7월 28일)

11 유상철. "중국이 말하는 아시아의 새 질서" 『중앙일보』 2014년 5월 21일.

보의 비전을 제시하고 있다. 이는 중국이 이미 1990년대 말 포괄성, 비영합성, 비전통 안보를 포용하는 "신안보관"을 제창한 바 있는 데, 이를 제도적으로 착상하겠다는 야심찬 새로운 아시아 전략의 일단을 드러낸 것이라 할 수 있다.

중국은 이제 아시아에서 상하이 협력기구와 동시에 CICA의 "새로운 안보선언" 협력국들과 더불어 미국이 추진하는 대중 억제전략을 무력화할 수 있는 세를 형성해 가고 있다고 평가할 수 있다. 특히 새로운 안보선언에서 주목할 점은, 미중 간에 사안별 갈등과 경쟁을 넘어서서 국제 제도, 규범, 규칙 등에 주도권 경쟁이 예상보다 빨리 시작되고 있다는 점이다.

시진핑 시기에는 기존의 "발전도상국"이란 자아정체성에서 탈피하여 "신형 강대국"이란 인식이 주류 사고로 등장하고 있다(〈표 1〉 참조). 이는 중국 외교가 새로운 자아정체성에 대한 인식에 기초하여 대외정책 전반, 즉 세계, 지역, 한반도 전략에 걸친 재검토가 이뤄지고 있는 상황이라는 것을 의미한다. 중국 외교는 이제 "새로운 강대국 관계(新型大國關係)"론을 내세워 보다 평등한 입장에서 미국과 관계를 재설정하고, 자신의 주요 전략이익을 지켜내겠다는 의지를 강하게 내보이고 있다. 미국과 직접적인 대립은 원하지 않지만 국가이익에 기초한 "핵심이익"을 수호하고, 불가피한 경쟁은 피하지 않겠다는 것이다. 그리고 그 주요 수단으로 주변국 외교를 새로이 주목하고 있다.

과거 중국 외교에서 경제적인 논리가 외교적인 논리를 압도하였다면, 이제는 외교와 안보 논리 자체가 경제논리를 압도하여 진행될 수 있다는 것을 보여준다. 과거 정경분리의 원칙에 입각하여 외교적 갈등에도 불구하고 경제적인 교류와 유대는 증진시키기를 희망하였던 반면, 2010년 중일 갈등과정에서 이러한 원칙이 크게 훼손되었다. 최근에 자유무역협정이나 중앙아시아 인프라 투자 등과 관련하여 중국의 외교적 행보를 관찰하자면 경제적인 수단을 적극적으로 활용하여 외교안보적 목표를 달성하고자 하는 의지가 더 강화되고 있음도 관찰된다. 이는 2016~17년 한국과 사드(Thaad) 갈등을 둘러싼 대응에서도 잘 보여주었다. 중국은 향후 주변국 외교를 대폭 강화하면서 중국을 견제하는 주변 국가들에 대해서는 더욱 강력한 압박을 가하는데 주저하지 않을 전망이다.

2. 미중 전략경쟁의 시대: 새로운 게임의 시작[12]

트럼프는 선거운동 시절에도 공공연하게 반중 정서를 드러내었다. 이는 미국의 대통령 선거에서 일상적인 일이었기 때문에 크게 주목을 받지 못하였다. 미국은 1972년 닉슨(Richard Nixon) 대통령의 중국 방문이후 지난 45여년 동안 포용정책을 대중정책의 기조로 유지해 왔다. 최근 21세기 들어 중국 견제를 본격화한 '포용적 견제(hedging)'나 '재균형(rebalancing)'전략 역시 그 기조는 여전히 '포용'에 있었다. 이 포용 전략의 기저에는 다음과 같은 전제가 존재하였다. 첫째, 중국의 급속한 부상의 결과 국내 문제가 산적해 있어, 중국은 당분간 국내 문제에 치중하고 대외정책의 연속성이 지속될 것이다. 둘째, 중국의 급속한 경제적 부상은 한계에 도달할 것이며 "중진국의 함정"과 같은 상황에 직면할 것이다. 이는 중국이 공세적인 대외정책을 추진하는 것을 크게 억제할 것이다. 셋째, 중국은 비록 급속히 군사비를 확장하고 있지만 미중 간의 군사적 격차는 본질적으로 커서 중국은 미국에 군사적으로 노골적인 대항을 하지 못할 것이

12 이 장은 김흥규(2014)에서 인용.

다. 설사 중국이 군사적인 도발을 한다고 할지라도 미국의 군사력은 이를 저지할 충분한 역량을 확보하고 있다. 당분간 이러한 우위는 약화되지 않을 것이다. 넷째, 중국은 현 국제체제의 가장 중요한 수혜자중 하나라서 당분간 현상유지 세력으로 남을 것이다. 다섯째, 중국은 경제발전에 따라 정치, 문화, 가치 등에 있어서 점차 서방 체제에 수렴할 것이다.

오바마 행정부 2기에 들어서면, 미국 내 주류 전략가들과 중국 전문가들은 이러한 대중 전략의 전제들에 오류가 있다는 것을 인식하였다. 그러나 이들은 이에 어떻게 대응해야 할지에 대한 해법을 내 놓지 못하였다. 트럼프의 대중정책은 이러한 기존 미국의 대중정책에 대한 새로운 대안을 제시한 것이다. 2017년 12월 출간된 미국의 『국가안보전략(National Security Strategy)보고서』는 중국을 미국의 "전략적 경쟁자(strategic competitor)", "현존 국제질서의 도전자(revisionist)"로 규정하였다. 트럼프는 대만을 통한 대중 견제, 전면적 무역 분쟁 등과 같은 기존 대중 정책의 금기들을 과감히 타파하고, 미국 주도의 새로운 대결 중심적인 대중정책을 추진하였다. 트럼프의 대중 정책은 중국의 급속한 부상과 강대국화 전략에 따라 나타나고 있는 미국 국민과 전문가들의 점증하는 중국에 대한 우려와 두려움을 적극 반영하고 있다. 트럼프의 적대적인 대중 정책은 워싱턴에서 진보와 보수를 넘어 가장 고른 지지를 받고 있는 정책이 되었다.

중국의 부상 속도는 미국 전문가들이 예상한 것 보다 훨씬 빨랐고, 중국의 "대도박 전략"은 미국의 패권 지위를 실제로 위협하고 있다. 최근 호주의 로위(Lowy) 연구소에서 출간한 『2019 Asia Power Index』는 중국의 국력이 급속하게 상승하고 있으며, 특히 경제적 자원은 미국을 이미 앞지른 것으로 평가하였다. 종합 국력에 있어서도 미국은 전체 지수 84.5

짐이고, 중국은 75.9로 미국을 바짝 추격하는 세계2위의 국력으로 평가되고 있다.[13]

2018년 이후 트럼프 대통령이 본격적으로 주도하고 있는 미중 무역 분쟁은 더 이상 무역 영역에 국한하지 않는다. 트럼프 대통령이 처음부터 그러한 전략적 고려를 바탕으로 중국을 압박했는지는 의문이다. 그러나 트럼프 주변의 네오콘적 사고를 지닌 전략가들은 미중 무역 분쟁을 고립적인 사안이라기보다는 중장기적인 패권 경쟁의 일부로 인식하고 있다. 따라서 미중 무역 분쟁은 점차 군비 경쟁, 이념 갈등, 규범과 제도 갈등, 기술 전쟁의 영역으로 확대되어 나갈 전망이며, 비록 업앤다운(up & down)이 존재하겠지만 세계는 미중 경쟁과 분쟁의 일상화를 목도할 것으로 보인다. 특히 2019년 6월 출간된 미 국방부의 『인도-태평양 전략보고서』는 대만을 국가로서 인정하였다.[14] 이는 그간 협력적 미중 관계의 근간을 제공한 주춧돌을 미국이 주도적으로 해체한 것이다. 중국은 대만 문제를 핵심이익이라 선언한 바 있고, 양안통일 목표를 강한 민족주의 성향을 지닌 중국 공산당의 정통성의 근거로 보고 있다. 트럼프는 이를 정면으로 부정한 것이다. 이에 시진핑은 그간 이미 7차례나 상호 방문하였고, 정상회담을 가진지 불과 2달 만인 러시아를 방문하여 "새로운 시대의 중러 관계" 형성에 합의하였다. 이는 내용적으로 보자면 '준동맹 관계'나 진배없다. 이러한 정책의 추진은 그간 동맹을 형성하지 않는다고 한 중국 외교의 대전제가 무너지고 있다는 것을 의미한다.

---

13 https://power.lowyinstitute.org/countries (검색일: 2019년 6월 5일)

14 https://media.defense.gov/2019/May/31/2002139210/-1/-1/1/DOD_INDO_PACIFIC_STRATEGY_REPORT_JUNE_2019.PDF (검색일: 2019년 6월 5일)

시진핑 주석은 '하드 파워' 분야에서 미국과 직접적으로 충돌하기보다는 우회적이고 간접적인 방식에 의한 비충돌적·문명사적 초강대국화 전략을 추진하였다. 중국 특색의 발전방식을 강조하면서 이를 기존의 경제·사회·정치·군사 체제 담론에는 물론이고 제4차 산업혁명의 담론에도 적용하면서 구체화하였다. 이러한 중국 특색의 인식과 전략의 강조는 현재 진행되고 있는 산업혁명의 특색과 연계되면서, 새로운 국제질서의 태동과 결부지어 강한 함의를 던진다. 그러나 '중국 특색' 방식에 의거하여 "중국의 꿈," 즉 고도화된 강대국의 위상을 추구하는 시진핑 주석의 비젼은 미국 중심의 자유주의 국제질서에 대한 정면 도전으로 인식되었다. 중국은 더 이상 미국이나 서방의 가치나 제도에 유사한 우리(us)가 아니라 그들만의 세계를 추구하는 그들(them)이라는 인식도 널리 확산되었다. 중국의 꿈을 지향하면서 중국의 추구할 새로운 국제질서의 형상에 대한 소통이 국제 사회와 충분히 이뤄지지 않았다. 당연히 국제사회의 우려와 두려움은 가중되었다. 그리고 그 방식으로 중국이 추진한 외교와 경제발전 전략이 "샤프 파워(sharp power)"를 추구했다는 비난도 강화되었다. 미국은 이에 기반하여 미중 갈등을 공정함과 비공정함의 대결로 이념화하려 시도하고 있다.

트럼프 대통령의 압박이 시작된 이후 중국은 초기에 다소 낙관적인 태도로 임했다. 그러나 2018년 하반기에 이르면 트럼프의 대중 정책이 기존과는 다르다는 것을 깨달았다. 이 갈등이 보다 구조적이고 패권 갈등의 성격을 지닌다는 것도 분명히 인식한 듯하다. 시진핑 주석과 중국 지도부는 미국의 거친 압박에 굴복하기보다는 과거 혁명전쟁시기와 같은 "장기전 태세"로 돌입한다고 선언하였다. 2019년 중국의 경제정책기조를 보자면 미국에 유연한 자세를 취하는 듯 하면서도 실제는 미중 무역 분쟁에 대한 정면 대응의지를 보여주었다. 중앙경제공작회의(2018년 12월 19일~21일)에서 2019년 경제정책의 주요 임무로 '제조업 질적 발전'과 '강대한 내수시장 구축'을 전면에 내세웠다.[15] 비록 미국이 견제하고 있는 '제조 2025' 개념을 사용하지 않았지만, 이를 강력히 추진하겠다는 의지를 드러낸 것이다. 아울러 미국의 압박에 대응하여 독자적인 경제 영역을 구축을 가속화하겠다는 의지도 보여주었다.

중국이 채택한 대응방식은 중장기적으로 마치 동양의 바둑을 두는 것과 같은 양상을 띠고 있다. 상대를 직접적으로 강력하게 공격하는 서양의 체스 게임을 두는 듯한 트럼프의 전략과는 대조적이다. 중국은 그럼에도 불구하고 단기적으로는 미국 트럼프 대통령의 거친 무역 압박에 대해서 팃포탯(Tit-for-Tat) 전략으로 맞섰다. 그 결과 미중 모두 내적으로 상당한 경제적 부담을 안게 되었다. 전 세계 교역증가율도 2017년 4.7%에서 2018년 3.3%로 하락하였다. 세계적인 디플레이션의 위험도 고조되었다. 강력한 항전 의지에도 불구하고 미국보다 여러 면에서 불안정 요소를 안고 있는 중국의 입장에서는 2019년 초까지는 미국과 당장의 대규모 충돌보다는 일단 타협으로 당면한 어려움은 비켜간다는 생각이 지배적이었던 같다. 그러나 현재는 향후 전면전은 어렵다 할지라도 국부적인 군사적 충돌이 발생해도 이상하지 않을 정도로 악화되고 있다. 미국의 트럼프 대통령은 무역협상에서 법체계까지 새로 제정하라면서 중국의 완전한 굴복을 요구했고, 시진핑은 거부했다. 그 이후 중국내에서는 마치 전쟁을 연상하게 하는 언어들이 관영매체에서 쏟아져 나오고 있다. 트럼프는 추가적인 무역제재를 넘어 미중 간의 금기였던 대만의 국가인정 문제를 정

15 2018년에는 부채구조조정이 정책 1순위에 있었다.

면으로 제기하였다. 중국은 이에 중러 관계를 준동맹으로 승격하면서 맞서고 있다.

미국은 현재 전반적인 기술 수준이나 국력의 순(Net) 역량에서 중국에 비해 우위에 있는 것은 분명하다. 이는 미중 전략경쟁에서 단기적으로는 미국이 유리한 이유이다. 그러나 중장기적으로는 미국의 산업 생태계 역시 혼란에 빠져있고, 경제나 기술 분야가 현재 고비용, 저효율 상태에 처해 있어 낙관하기 어렵다. 통념과 달리, 기업가 정신에 있어서도 중국이 앞서고, 그 격차는 커지고 있다. 중국의 강력한 동업 전통과 새로운 도전과 실패에 대해 더욱 관대한 환경이 존재하고, 정부의 강력한 동기 부여 정책이 계속되고 있다. 아이디어와 규모의 경제에서 중국이 오히려 앞서는 양상이다. 미국은 낮은 저축률과 자본 독점과 결탁으로 인한 투자 저하, 낮은 교육수준, 창의의 공간 점차 협소, 아이디어의 고갈, 빈부격차의 심화와 직업 질의 저하 등 문제점을 안고 있다. 권위주의 체제와 정부통제의 비효율성이 4차 산업의 발달로 인해 오히려 효율성을 크게 제고하면서 기존 서방의 가치와 제도를 위협하고 있다.

향후 미중 전략경쟁에 있어서 가장 중요한 게임 체인저(game changer)는 기술혁신 경쟁에서 나올 개연성이 다대하다. 이제 세계의 주도권은 어느 국가가 제4차 산업혁명의 시대에 걸 맞는 기술을 선도하고, 이를 안보역량에 어떻게 연결시키는 가에 달려있다. 이 기술혁신에서 뒤질 때, 어느 패권국가나 기업도 순식간에 그 존폐가 위협받을 수 있다. 이런 차원에서 현재 미중 간에 전개되고 있는 기술혁신과 관련한 갈등을 주목할 필요가 있다. 이는 패권 경쟁의 가장 본질적인 영역일 수 있기 때문이다. 미국은 4차 산업 혁명에 있어서 기술적으로는 중국에 전반적인 우위에 있지만, 그 격차는 빠르게 좁혀지고 있다. 특히 미국의 안보에 위협을 줄 수 있는 제4차 산업혁명과 연관된 주요 기술 영역에서 중국의 약진이 두드러지면서 미국의 불안감을 크게 가중시켰다. 미중 간의 전략·기술전쟁은 더욱 치열해 질 수 밖에 없으며, 더구나 이 영역은 상호 규율과 조절이 어려운 상황이다. 어느 한 영역의 새로운 혁신은 적어도 '게임 체인저'는 아니라 할지라도 상대의 옵션을 크게 제약할 개연성이 크기 때문이다. 이 보이지 않는 전쟁의 향배가 중요하고 주목해야 하는 이유이다. 화웨이 사태에서 보듯이 미중은 주요 기술들은 국가 안보의 차원에서 다루려 할 것이고, 이 분야에서 상호 확전할 개연성이 크다. 한국과 같은 세계 다른 국가들은 미중 양국으로부터 강력한 선택의 압박에 직면할 것이다.

핵전쟁의 시기 "공포의 균형" 혹은 적어도 "최소억제역량"은 강대국 간의 전면 전쟁을 불가능하게 하였다. 아마도 현재 진행되고 있는 기술 혁신과 4차 산업혁명의 결과는 이 균형을 위협할 지도 모른다. 그럼에도 불구하고 현재 우리가 추정할 수 있는 전망은 미중 간에 존재하는 대규모 살상능력, 현재 진행되고 있는 기술 혁신과 그 함의 자체만으로도 향후 정책의 수단으로서 대규모 전쟁이라는 옵션을 선택하기는 어렵다는 점이다. 중국의 양자분야에서의 역량, 인공지능, 혁신적인 물류공급체계, 초고속 미사일의 개발 등의 기술 혁신이 얼마나 더 진보할 수 있을지 모르겠지만, 그 현재의 경쟁성 자체만으로도 전쟁 억제효과가 분명하다.

전략경쟁의 시기에 미중은 각자 자신의 영향권과 생활권을 구축해나가는 데 더 집중할 개연성이 다대하다. 향후 세계는 미중 전략경쟁의 결과로 '팍스아메리카'나 '팍스시니카'가 아닌 미중이라는 거대한 두 축을 중심으로 국제질서가 양분될 수 있다. 미중은 대규모의 전쟁으로 승패를 가늠할 수 없는 상황에서 결국은 싸우기보다는 헤어지기(decoupling)를 시도할 개연성이 크기 때문이다. 다만, 과거 냉전시기와 달리 미중의 흡인력이 과거 미소의 흡인력에는 못 미치는 것이 현실이며, 여타 국가들은 당장 미중의 궤도에 올라타기보다는 스스로의 생존 전략을 고심할 것이다. 중장기적으로 미중 전략경쟁의 승패는 각자 세계를 구성할 내구 역량과 기술 혁신의 수준에 따라 크게 영향을 받게 될 것이다. 중국의 추가적인 부상은 이 기간 동안 중국을 제외한 다른 세계인들에게도 수긍할 수 있는 논리, 규칙, 이미지 등을 창출할 수 있는가에 달려있다. 다만, 그 과정에서 세계는 큰 손실과 고통에 직면할 것이다.

현 국제질서의 특징은 미중 전략경쟁이 본격화되면서, 강대국 정치, 지정학의 부활 현상이 강화되고 있다. 규칙기반의 국제질서 약화현상이 뚜렷이 나타나면서 비자유주의적 국제질서가 부상하고 있다. 각 강대국들은 자국의 국익을 노골적으로 우선시하는 '각자도생'의 혼란상을 보여주고 있다. 이러한 현상은 미중의 세력전이 상황에서 나타나는 구조적인 문제로서 서로 타협이 가능한 룰에 합의할 때까지 갈등이 지속될 전망이다. 미중 간 구조적인 경쟁의 최근 표현은 '인도-태평양 전략'과 '일대일로 전략'의 충돌로 나타날 것이다. 한반도 상황은 이러한 미중 전략경쟁의 맥락과 분리해서 생각할 수 없으며, 향후 북한의 비핵화 과정에도 크게 영향을 미칠 것이다.

미국의 무역 분쟁에 대한 중국의 대응은 무역보복 조치와 미국의 압박에 대한 호응 여부를 문제를 놓고 크게 4가지 다른 정책 대안이 존재하였고, 이에 입각한 중국 내 논쟁이 전개되고 있다[16]

16 "중국 경제의 안정적 변화와 개혁개방의 가속화." 『한중경제포럼』 제18-06호 (2018년 12월 27일), 10쪽.

〈표 2〉 중국내 다양한 대미 전략 사고의 분화

방안	주요 내용
강경파	보복조치 실시 및 미국의 요구에 불응
현실파	보복 조치는 실시하되 미국의 요구에는 호응
지연파	보복 조치 미실시, 미국의 요구에도 불호응
타협파	보복조치 미실시, 미국의 요구에 호응

중국 내에서는 그간 시진핑의 권력 강화와 더불어 그간 신중한 외교를 주장하던 "발전도상국론"의 목소리는 거의 잠잠해 졌고, 중국을 부상하는 "강대국"으로 인식하고 자국의 이익을 적극 개진해야 한다는 목소리가 압도적이었다.[17] 미중 전략경제의 시기를 맞아 이러한 상황에 대한 비판이 제기되었다.[18] 중국이 지나치게 자신을 과대평가하고, 외부의 중국에 대한 위협의식을 강화하였다는 지적이다. 시진핑과 중국 지도부는 적극적으로 미국의 요구에 호응하여 빠른 변화를 추진하면서도, 동시에 미국의 보복 조치에 대해서는 상응하는 보복 조치(Tit-for-Tat)를 취하고, 내적인 개혁과 혁신을 더 강하게 추진하는 방식으로 대응하였다. 이는 정부 내 "현실파"들이 제시하는 정책 방향과 일치한다. 그러나 미국의 의지와 의도는 중국이 예상한 것보다 훨씬 강경하다. 이제 양측은 상호 준 전시

17 이러한 강대국론적 입장은 후안강(胡鞍鋼), 진창룽(金燦榮), 왕이웨이(王一伟), 자오커진(趙可金), 션딩리(沈丁立), 옌쉐통(阎学通) 등을 들 수 있고, 왕지쓰 (王緝思) 도 이 부류에 속한다. 정치국 상무위에서 왕후닝 역시 이러한 입장을 지지한 것으로 알려지고 있다.

18 지린대 리샤오(李晓) 교수의 연설. 리샤오 교수의 연설문은 "你们赶上了一 个伟大的时代" 『吉林大学新闻网』 2017년 7월 2일. https://news.jlu.edu.cn/info/1211/45072.htm (검색일: 2018년 9월 30일)

상태의 심리를 가지고 맞서는 형국이 되고 있다.

미중 전략경쟁의 결과 향후 동아시아 질서를 예측해보면, 미중 전략경쟁과 혼돈 상황이 당분간 지속될 전망이다. 여기서 다만, 시간이란 변수를 넣어보면 점차 혼돈 상황은 새로운 블록화 형성을 통한 세력균형의 질서로 진전될 개연성이 충분히 존재한다. 이 시기 세계는 영합적(zero-sum), 양극화 현상을 보일 수 있고, 미중의 주변국들은 선택의 압력에 크게 직면할 수 있다. 이제 세계는 미중 경쟁이 일상화되고, 미중은 경쟁의 프리즘으로 세계를 바라볼 것이다. 북핵 문제나 한반도의 상황 역시 이러한 미중 전략경쟁의 소용돌이 속에 휘말려 들어가고 있다. 최근 하노이 북미 정상회담의 결렬은 그 불길한 전조를 알리는 신호와 같아 보인다. 미국의 전략파들은 북핵문제를 미중 전략경쟁의 틀에서 해석하면서, 중국을 견제하기 위한 종속변수로 다뤄나가려 할 개연성이 크다.

미중 전략경쟁시기 각국의 이해를 고려할 때, 미국은 다음과 같은 대한반도 정책 선호도를 가질 것으로 보인다. 최우선적인 선호는 어느 정도 핵을 보유한 친미적인 북한이 중국을 견제하는 구도이다. 차선이자 현실적인 방안은 북한의 핵보유를 중국을 견제하는 수단으로 최대한 활용하는 것이다. 이는 트럼프 대통령이 추진하고 있는 핵무기 현대화, 동아시아 지역의 중거리 탄도미사일 배치, 우주의 무기화 정책을 진행하는 자양분으로 삼는 것이다. 일본에게도 그리 나쁜 선택은 아니다. 다만, 북한과는 지속적인 압박과 소통을 통해 핵미사일이 미국을 직접 위협하는 상황은 최대한 억제하려는 전략을 쓸 것이다. 차차선은 동아시아 분할 방안이다. 신냉전과 같은 상황 속에서 미국의 영향권과 생활권을 최대한 확보하려는 전략으로 필요시 일본의 핵무장론이 나올 수도 있다. 이 경우 미국은 보다 완벽한 비핵화(FFVD)정책과 북한의 모든 재래식 위협을 망라한 북한으로부터의 위협을 철저히 제거한다는 정책을 고수하는 것이다. 최악은 한반도와 일본이 중국의 영향권으로 넘어가는 것이다.

중국은 다음과 같은 정책적 선호를 가질 것으로 예상한다. 최우선은 동아시아에서 중국의 영향력 우위를 확보하고 생활공간으로 자리매김하는 것이다. 이를 위해서는 북한의 친미화를 반드시 방지해야 하고, 동시에 의미 있는 수준까지 북한의 비핵화를 진전시키는 노력이 필요하다. 차선은 동아시아 분할 방안이다. 북한의 대중 종속화, 한국의 중립화, 일본의 복합외교 수립을 추동하는 것이다. 차차선이자 현실적인 방안은 현상유지로, 미중 전략경쟁에 한반도 문제가 추가적인 변수로 작동하지 않게 하는 것이다. 최악은 동아시아·서태평양 지역에서의 대중 동맹 결속을 강화시켜주는 것이다. 향후 정세는 미국은 차선에서 차차선의 선택사이, 중국은 차차선에서 차선의 선택 사이를 오갈 것이다. 중국의 입장에서 최악의 상황을 방지하기 위해서는 한국과의 관계를 강화해야 할 필요성을 강하게 느낄 것이다. 이는 최근 중국이 깊은 불신에도 불구하고 한국에 대한 접근을 다시 강화하고 있는 구조적인 이유이기도 하다.

3. 문재인-시진핑 시기의 한중 관계

문재인 정부 출범이후 시진핑 정부의 한국에 대한 호감과 기대치가 크게 높았다. 박근혜 정부 시기 한국은 중국의 주변국 외교의 중심에 서 있었다. 그러나 시진핑 주석과 중국 측의 강한 압박에도 불구하고 박근혜 정부는 대북 안보상의 이유로 사드 배치 결정을 강행하였다. 이러한 결정 이면에는 당시 정책결정자들의 중국에 대한 이해 부족도 작용하였다고 보여진다. 기존의 중국의 "발전도상국론"적인 대외정책으로 봐서 한국에 대한 보복 단행은 어려울 것으로 평가하였다. 그러나 이미 언급한 바대로 시진핑 시기의 외교는 이미 "강대국 외교"로 전환하고 있었다. 보복 조치는 거의 필연적이었다.

문재인 정부는 반사드(Thaad) 정책을 표방하였다. 출범과 동시 당시 이해찬 총리를 포함한 두 그룹의 특사단을 파견하였고, 이들은 이러한 기조를 분명히 설명한 것으로 보인다. 시진핑 주석은 파격적으로 이들을 맞이하고 환대하였다. 문재인 정부 출범시 대중 정책은 "실질적인 전략적 협력동반자 관계"를 구현한다는 것이었다. 북한에 대해서도 '흡수통일' 정책이 아닌 '공존 공동번영'에 기초한 평화적 통일 전략 추구하였다. 이러한 정책들은 중국의 기대나 이익과 합치하는 것이었다.

한중관계에 주름이 지기 시작한 것은 2017년 6월 문 대통령의 방미에서부터 시작되었다. 한미정상 회담에서 문 대통령은 보수정부에서도 주저하였던 '(북핵의 위협에 대한) 한미일 안보협력'을 강화하기로 한 문서에 서명한 것이다. 중국은 대북핵 한미일 안보협력 강화를 '대중국 견제세력화' 혹은 '한미동맹의 지역동맹화'로 인식하고 있었다. 이에 시진핑 주석은 2017년 7월 6일 한중 정상회담에서 사드문제를 중국의 핵심이익이라고 규정하였고, 한국에 대한 불만과 압박을 공개적으로 드러내었다. 2017년 8월 한국의 사드 배치로 인해 중국의 불만은 더욱 고조되었다. 이후 한중은 관계 개선을 위해 2017년 10월 31일 사드 3 Nos 원칙에 합의하였다. ▼사드 추가 배치 않는다. ▼MD에 편입하지 않는다. ▼한미일 군사동맹 발전을 검토하지 않는다. 이는 결과적으로 일시적인 봉합이었다. 한국은 현재 사드 문제의 완전한 해소를 희망하였지만, 중국은 잠재된 분쟁 사안으로 인식하였기 때문이다. 더구나 이 합의는 현재 격렬해지는 미중 전략경쟁의 상황에서 한국 외교의 운신의 폭을 크게 제한할 개연성이 커지고 있다. 최근 한국정부가 사드 배치에 대한 환경평가에 착수하면서 다시 사드문제가 폭발성 있는 사안으로 재연될 가능성도 증대하고 있다. 이러한 서먹한 한중 관계는 2017년 12월 문재인 대통령의 방중시 혼밥 사건으로 상징적으로 표출되었다.

2018년 4월 남북 정상회담에서 한국 측이 중국을 배제하는 3자 혹은 4자의 종전회담을 주장했다고 하는 중국 측의 인식으로 인해 한중 간 신뢰도가 다시 냉각되었다. 당시 중국은 차이나 패싱(China-Passing) 우려가 최고조에 달하였을 시점이었다. 그 후 한중 간 정의용-양제츠(杨洁篪) 라인의 상호 소통을 통해 한중 갈등과 중국 측의 의구심을 크게 완화시켰으나 중국 측은 한국 문재인 정부의 전략방향이 '친미'라는 의구심을 여전히 보유하는 계기가 되었다.

문재인 정부 출범이후 한중 관계는 그간 상당한 진폭의 곡절(曲折)을 겪으면서 현재 외안내빈(外安內貧)의 상황이라 정의할 수 있다. 국내 일각에서는 문재인 정부가 친중 정부라 비난하기도 하고, 일본이나 미국의 일부에서도 이에 동조하기도 한다. 그러나 이는 사실이 아니다. 문재인 정부 출범이후 양국 간에 형성된 불신은 여전히 해소하지는 못한 상황이다. 양국 (지도자들) 간에 사실상 불신이 강화되어 왔고, 점·선·면의 접촉에서 양국은 '점'의 측면에서 지극히 제한적인 전략적 소통 유지하면서 관계 관리되어 왔다. 남북개선의 와중에 대중국 외교가 상대적으로 소홀했던 것도 한 이유이다. 이러한 상황은 2017년 12월 14일 개최된 한중 정상회담이 로우키(Low-Key)로 진행된 데서 그 일면이 엿보였다. 2018년 아르헨티나에서 개최된 G20 정상회담에서 여러 형식의 양자 정상회담 가운데 한중 정상회담은 불발되었다.

문-시 시기 북한/북핵 문제는 한중간에 여전히 이견과 불신 존재하나,

그 어느 때보다도 한중 간 관계개선과 협력강화의 필요성에 대해서는 상호 공감대가 형성되고 있다. 북핵과 한반도 문제의 처리에는 한중간에 원칙적인 입장이 접근하고 있다. 문재인 정부의 대북 정책은 '공존-공영-점진적 평화적 통일'을 추진하는 점진적인 변화를 강조한다. 2017년 말 한반도에서 무력 충돌의 가능성 고조되었고, 시진핑 정부는 한반도에서의 군사적 긴장과 충돌을 결코 원하지 않는다. 한반도에서의 전쟁 방지가 중국의 대한반도 정책의 레드라인(red-line)이다. 중국 시진핑 시기의 대한반도 정향과 문재인 정부의 평화 추구정책은 그 어느 정부보다도 흡사한 측면이 존재한다. 중국은 한미일의 대중국 군사안보 협력 강화를 억지하고자 추구하고 있으며, 동시에 북중 관계가 냉전적인 특수협력관계로 인식(프레이밍)되는 상황을 회피하려 노력하고 있다. 미중 전략경쟁에도 불구하고 북한 핵무장에 대한 반대 입장은 분명하고, 미국과 협력의 대상으로 남겨놓고 있다. 미중 전략경쟁의 강화로 한국의 지정학적, 지전략적 가치는 북한 못지 않게 크게 증대되는 시점이다. 중국의 전략적 입장에서는 한국과의 관계 개선 없이 북한과의 유대 강화는 냉전 프레임에 걸리고, 미중 전략경쟁에서 미국에 대중 압박의 빌미를 주게 된다. 현재 한중간에 주요 갈등 사안은 표면화되고 있지 않으나, 향후 다가오는 도전이 엄중한 것도 우려된다. 우선, 환경 평가후 사드 문제의 재점화될 가능성이 다대하다.

둘째, 경제적 분리 현상의 가속화와 한국의 변연화 문제이다. 중국은 더 이상 경제기술적인 측면에서는 한국을 필요로 하지 않는 상황으로 변화중이다. 이는 사드 문제 때와도 또 다른 환경으로 중국은 한국을 더 강하게 압박할 구조적 요인을 갖추었다. 세 번째, 이어도 수역/KADIZ를 둘러싼 갈등의 부상이다. 네 번째, 미중 전략경쟁이 가열되면서 경제부문

조차도 한국에 양자택일적인 선택의 압력이 심화되고 있다. 네 번째, 미중은 북핵문제를 미중 전략경쟁의 하위 변수로 인식하면서 활용하려는 경향이 증대하고 있다. 이는 북한의 비핵화를 더더욱 어렵게 할 것이다. 다섯 번째, 트럼프의 재선 가능성 증대와 미국이 중국에 대한 군사적 견제를 위해 중거리 탄도미사일을 동북아·서태평양 지역에 배치하려는 움직인 가시화될 가능성이 크다.

시진핑 시기 중국의 대한반도 정책은 다음과 같이 요약할 수 있을 것이다.[19] 첫째, 중국은 반드시 한반도 비핵화를 실현하려 할 것이며, 북한을 핵보유국으로 인정하지 않을 것이다. 둘째, 북한이 추가적인 핵실험이나 대륙간 탄토미사일 실험을 멈추려 할 것이다. 우선적으로 북한의 핵동결이 가장 시급한 임무이다. 셋째, 9.19에서 확정된 합의를 기초로, 다양한 대화방식을 통해 북핵 관련 대화를 재개하도록 한다. 넷째, 북핵문제는 미중 간의 갈등에도 불구하고 미중 협력의 영역으로 남겨 둘 것이다. 따라서 안보리 대북 제재를 엄격히 이행할 것이며, 새로운 핵실험과 도발에 대해 더 강한 제재를 시행할 것이다. 다섯째, 한반도 냉전구도의 출현을 저지하는 방향으로 북핵 문제 처리를 적절히 하면서 북한과 정상적인 국가관계로 진행하고, 동시에 북한에 연루되는 상황을 방지하려 할 것이다. 여섯째, 한반도에서 전쟁과 혼란이 발생하는 것을 결사반대하며, 북핵 위협을 틈타 미국이 전략적 이익을 추구하는 것 역시 반대한다. 일곱째, 한반도 급변사태에 대해 준비를 강화한다.

2019년은 북중 국교 수립 70주년 해이다. 논리대로라면 금년 중에 시

19 이는 지난 2018년 중국전략연구기금회 학술부 주임 장퉈셩이 제5회 아주대 한중 전략 학술회의에 참여해 발표한 내용이다.

진핑의 평양방문이 이뤄질 개연성이 다대하며, 북중은 이를 계기로 관계 강화의 조치를 취하려 할 것이다. 그러나 상호 추구하는 정책 우선순위가 달라, 순수 양자 관계만으로는 북중 관계 발전은 제한적일 수 밖에 없는 것이 현실이다. 중국은 북한의 도발 방지와 비핵화 추진, 미국의 한반도 영향력 약화가 주관심이고, 북한은 핵을 보유한 상황에서 중국의 경제적 지원 획득과 UN 제재 완화가 주관심이다. 시진핑은 북한에 연루될 생각이 없다. 대신 관리를 하겠다는 생각이 분명하면, 중국의 이익에 손상을 가져올 때는 상응하는 대응을 하겠다는 생각도 분명해 보인다. 북한 역시 시진핑 시기 중국의 이러한 정책 기조를 이해했을 것으로 보인다. 김정은 위원장의 4차례에 걸친 중국 방문에도 불구하고 시진핑은 여전히 평양을 방문하지 않았다. 북한의 UN제재 완화 협조 요청에도 응하지 않고 있다. 김정은 위원장이 언급한 제3의 길로서 중국과의 협력은 가능하지 않다. 결국 북한은 자력갱생을 바탕으로 한 버티기 전략, 추가적인 도발을 통한 미국의 양보 획득 전략, 보다 평화적인 공세를 통한 반전 전략 중에 하나 혹은 둘을 결합한 전략을 추구할 수 밖에 없는 상황으로 몰리고 있다.

4. 한국의 선택

한국은 이제 미중 전략경쟁의 격화 혹은 냉전 2.0이라 칭해도 좋을 중장기적인 도전에 직면하고 있다. 문재인 정부는 새로운 외교·안보·경제·대북 전략을 고민할 필요가 있다. 그 출발점은 우리가 누구이며 어떠한 조건에 처했는지에 대한 기초적인 고민부터 다시 할 필요가 있다. 한국이 처한 구조적인 조건은 대륙과 해양사이에 놓인 지리적 공간, 상대적으로 규모가 작은 국가, 자원 빈국, 분단국가로 군사적 대치상황이라는 것이다. 이들 네 가지 변수는 다 안보 상황에 관련된 것이다. 새로운 광의의 안보 전략을 수립할 필요가 있다. 이 가운데에서도 상대적으로 소홀한 경제안보를 이제 국가 안보의 주요한 대상으로 놓고, 지정학, 지경학을 포괄하는 지전략적 안보 전략을 수립해야 한다.

미중 전략경쟁의 시기에 한국은 중견국의 국가정체성에 기반하고, 규범에 입각한 국제질서, 자유무역 질서, 평화추구 국가, 자존감을 유지하는 국가상을 추구해야 한다. 미중 전략경쟁의 심화로 한국은 생각보다 빨리 그리고 심각하게 미중 선택의 압박을 받을 개연성이 커지고 있다. 중견국의 목표는 이익의 극대화가 아니라 손실의 최소화가 되어야 하며, 국익의 실현보다는 리스크(Risk) 관리가 더 중요하다. 미중 전략경쟁의 결과를 예단하기보다는 최대한 신중한 입장을 견지할 것을 제안한다. 양국은 모두 준 전시상태의 심리를 지니고 대응하고 있다. 당장은 내적 역량을 강화하는 것이 중요하다. 이를 위해서는 개인이나 자본 자유의 극대화보다는 공공성·공동체성을 강화하는 조치들이 더욱 강화되어야 한다.

북한에 대해서는 대항적 공존-비대항적(경쟁적) 공존-협력적 공존-평화적 공존-평화적 통일의 관계 설정 가운데, 여전히 "대항적 공존"을 위주로 하고, "비대항적(경쟁적) 공존"으로 진화하는 정책을 추진해야 한다. 이를 위해서는 북한의 핵무기와 그 위협에 대응할 한국의 자위적 군사역량을 확보해야 한다. 문재인 정부 초기에 준비한 국방개혁을 확실히 추진하면서 국민들의 불안감을 해소시켜주어야 한다. 이에 기반하여 북한과의 공존 정책을 과감히 추진할 수 있다. 동시에 다가오는 강대국 갈등의 회오리 속에서도 스스로 자력의 외교공간을 확보하고, 국력의 피해를 최소화하면서, 생존을 모색할 수 있다.

현 상황에서 남북 관계 개선을 통해 현 국가안보의 위기상황을 돌파하려는 노력은 현실적이지 않다. 중국은 한반도 긴장 완화와 대북 협력사업의 강화를 희망하고, 인프라 차원에서의 준비도 다 되어있으나, 현 시점에서 유엔 제재를 스스로 해소할 생각은 전혀 없다. 한국이 유엔 제재를 넘어 남북한 간의 교류를 확대한다면 이는 중국의 입장에서는 환영할 것이나, 한미동맹을 그 대가로 치러야 하는 상황이다. 북핵문제의 해결에 긍정적인 방향으로 미국이 돌파구를 마련하거나, 아니면 한국의 북한의 핵무력에 대한 자위적 역량을 확신하지 않는 한 한국이 대북 협력사업을 주도할 공간은 협소해 보인다. 또 하나의 방안은 북한이 비핵화와 평화체제 문제에 대단히 전향적으로 나오는 것인데, 당장은 현실성이 없어 보이고, 이 경우라도 한국은 대단히 곤혹스런 상황을 맞이할 수 있다. 문재인 정부가 추진하는 신북방 정책 역시 한계를 보일 수밖에 없는 것이 현실이며, 한국은 지름길보다는 먼 길을 가야할 각오와 준비를 해야 한다.

중국과 대립 지향보다는 전략적 소통과 협력 강화하는 방향 설정이 필요하다. 국내 일각에서는 냉전의 유산, 미중 전략경쟁의 승패를 예단, 체제의 차이로 인한 불편함으로 인해 중국과의 관계에서 갈등을 강조하는 시각이 존재한다. 당장은 미국에 편승하는 전략이 매력적으로 보이겠지만 그리고 각 측의 압박도 강해지겠지만, 선택의 순간 어느 일방이 승리한다고 할지라도 우리는 결국 감당할 수 없는 대가를 지불하여야 한다. 제3의 대안을 모색할 필요가 있다. 중국은 한반도 평화체제 형성의 주요한 당사자이고, 북한 비핵화에 대한 입장이 우리와 유사하고, 중국과의 경제협력 강화 없이 한국의 경제발전은 상상하기 어렵다. 중국의 한국이 사활적 이해관계를 지닌 주변 강대국이다.

미중 전략경쟁은 중국과 관련하여 도전요인 못지않게 한국의 이해를 증진시킬 수 있는 기회의 공간도 확대 가능하다. 중국은 현재 북중 협력을 원하고 있고, 한반도 균형 정책에 입각하여 한국과 갈등 상황은 피하고자 한다. 추후 중국과의 관계는 '이익공동체' 형성을 위한 지역 간 분업과 협력구조를 새로이 창출하고, 성공적인 한중 경제발전 모델이 가능하도록 추동해야 한다. 이 기회를 활용하여 이어도 등의 공역이 국제분쟁화하기 이전에 해양경계 획정 문제 등 분쟁 사안을 과감히 제기하고, 조기 타결할 것을 요청할 필요가 있다. 북핵문제 해결을 위해 한중 로드맵 구성과 위기관리를 위한 1.5트랙 차원의 전략성 대화를 추진할 것을 강력히 권고한다.

마지막으로 동아시아/태평양지역에서의 다자 안보체제의 구축 노력은 지속되어야 한다. 북한 비핵화에 따른 평화체제의 구축 노력은 미국의 역내 영향력 약화 혹은 감축으로 귀결될 개연성이 다대한 만큼 그 공백을 완화할 기제 구상 필요가 있다. 가장 중요한 것은 '내적 균형'을 확보하기 위한 노력인 바, 국내 공감대 강화, 국방 개혁의 방향과 목표 점검 및 지속 추진, 외교안보 영역에서의 전문성 존중 등이 필요하다. 이를 수행하기 위한 인적 제도적 쇄신이 필요하다. 외적으로는 한미동맹을 최대한 활용하면서 동시에 역내 다자 안보 협력체제를 구축하는 노력이다. 공동안보, 협력안보, 포괄안보의 원칙을 바탕으로 여하히 실행 가능한 체제를 구축하는 가가 관건일 것이다. 특히 미중 전략경쟁의 시기에 이의 폐해를 최소화할 생각이 비슷한(like-minded) 국가들의 협력체 구성이 절실하다.

■ 참고문헌

김흥규. 2014. "시진핑 시기 중국 외교·안보 전략." 『외교』 110.

정덕구· 추수롱. 2013. 『기로에 선 북중관계』. 중앙 Books.

Heungkyu Kim. 2010. "From a Buffer Zone to a Strategic Burden: Evolving Sino-North Korea Relations during Hu Jintao Era" *The Korean Journal of Defense Analysis* 22(1).

한일관계와 한반도 평화

양기호 | 성공회대학교 일본학과 교수

1. 한일관계-교류와 갈등의 확대

한일관계가 1965년 수교 이래 최대 위기라는 지적이 높아지고 있으며, 한반도 평화체제의 구축이 불투명한 상태에 머물러 있다. 1965년 청구권 협정이래 한일관계의 발전과 성숙이 가능했던 것은 전후 냉전이라는 국제환경속에서 경제성장과 안전보장, 민주주의에 대한 국민국가의 열망이 있었다. 그것은 중국, 일본, 한국을 포함한 동북아 대부분 국가들의 공통점이었으며, 전쟁의 고통스런 경험과 경제적 부에 대한 추구가 제도적이고 심리적으로 한중일간 갈등과 분쟁 회피의 메카니즘으로 작동해 왔다. 북한도 체제보장과 경제성장을 동시 병행적으로 추진해 왔고, 김정은 위원장 체제 이후 국제사회에 편입되고 외교주체로 등장하였다. 동북아 지역에서 한국, 북한, 중국, 일본 등 어떤 나라도 다른 일방을 침략이나 지배하기 어렵다는 현실을 감안하면, 주권국가의 수평적 정립과 외교적 협상이 본격적으로 전개되고 있다고 볼 수 있다.

문재인 정부의 외교안보 비전은 한반도 비핵화와 동북아 평화번영이며, 일본을 당당한 협력외교의 대상이자 동북아 평화체제의 파트너로서 설정하고 있다. 냉전이후 한일간 대립과 갈등이 심화되었지만, 문재인 정부는 투 트랙 전략을 통하여 역사와 영토문제를 관리하는 한편, 양국간 사회문화와 정치경제 등 다양한 분야에서 협력과 소통을 통한 미래지향적인 관계 구축을 지향해 왔다. 문재인 대통령은 2018년 한일파트너십 공동선언 20주년을 맞이하여 투 트랙 대일접근은 "김대중 대통령과 오부치 수상의 두 분 선대 지도자들의 고심의 산물이며, 위대한 지도자의 지혜와 비전을 담고 있다"고 언급한 바 있다.[1]

한일간 위안부와 독도 등 역사와 영토 문제는 첨예한 쟁점이었지만, 한일 양국의 관리와 대책은 그런대로 양국관계를 유지하는데 기여해 왔다. 2000년대 들어 영국의 케냐 식민통치기 잔학행위에 대한 반성과 보상, 이탈리아의 리비아에 대한 사죄와 경제협력, 유엔에서의 인권개념 중시와 피해자 중심주의, 일본 측의 '통절한 사죄와 반성'이 담긴 1995년 무라야마(村山富市) 담화, 1998년 한일파트너십 선언, 2010년 간 나오토(菅直人) 담화는 유럽뿐만 아니라, 동북아에서도 식민지 가해국 일본의 사죄와 반성이 재확인되었음을 알 수 있다.

그러나 동북아 지역에서 세력전이(power shift)가 진행되면서 중국의 부상과 수평적인 한일관계의 형성, 북한의 핵과 미사일이라는 외생 변수 외에도 일본 내 잃어버린 20년과 3.11 동일본 대지진으로 인한 재난 트

---

1 "한국의 투 트랙 전략은 '김대중·오부치 21세기 새로운 한일파트너십 공동선언'의 정신과 궤를 같이 하고 있다. 이것은 과거와 미래 사이에서 어떻게 한일 관계를 발전시켜 나갈지에 대한 선대 지도자들의 고심의 산물이며, 두 위대한 지도자의 지혜와 비전을 담고 있다." 문재인 대통령은 일본 요미우리신문과 인터뷰에서 위와 같이 밝히고 있다. **『讀賣新聞』** 2018년 5월 8일.

라우마를 배경으로, 일본인들의 불안과 공포는 점차 확산되어 왔다. 일본 내에서 주변국에 대한 타자화 내지 악마화, 헌법개정 추진과 정상국가 추구, 영토와 역사문제의 갈등, 대북 대중인식의 격차로 인한 한일간 전략적 이익공유의 약화, 일본인 납치문제와 역사피로 현상으로 인한 북한과 한국 때리기 일상화, 미일 동맹 진화와 양국이 주도하는 인도태평양 전략과 중국견제 등, 일본정부와 국민의 불안과 불만이 커지면서 적극적 평화주의와 안보법제 제정, 영토와 역사문제에서 자기주장 등, 공세적인 외교전략과 국민정서가 두드러지고 있다.

특히, 2018년 10월 대법원의 강제징용 피해자에 대한 일본기업의 보상판결 이후, 역사 갈등이 깊어지면서 한일관계는 출구조차 찾기 어려운 현실이다. 아베 수상은 2018년 1월 시정연설과 외교청서에서 중국을 한국보다 우선시 할 뿐만 아니라, '한일간 전략적 이익을 공유한다'는 언급마저 생략하였다. 한국도 2018년 말 나온 『국방백서』에서 '시장경제와 자유민주주의를 공유하는 일본'이라는 기존 표현을 삭제하였다. 올해 1월 아베 수상의 시정연설에서 북한과의 수교를 추진하겠다고 했지만, 한국은 사실상 언급조차 하지 않았다. 한일 양국이 전략적 제휴 관계에서 상호 전략적 방치 상태로 후퇴하고 있다는 우려가 나오고 있다.

한일 정상과 외교당국간 대화와 소통은 적어도 통계상으로 본다면, 매우 원활한 편이었다. 이전 박근혜 정부와 비교하면 문재인 정부는 1년 5개월만에 한일 정상간 직접 회담 5회와 전화회담 11회, 양국 외교장관은 전화회담과 직접회담 25회 등 빈번한 소통과 대화를 유지해 왔다. 박근혜 정부기 2013년, 2014년은 아예 한일 정상회담이 없었고, 2015년, 2016년의 경우 전화통화를 제외하면, 직접 회담은 각 1회에 불과하였다. 반면에 문재인 정부기 2017년, 2018년간 한일 정상회담은 직접 5회, 전화회담

11회로 합계 16회에 달했다. 한일 외교장관 회담은 2013년과 2014년 각 2회에 그친 반면, 문재인 정부 들어서 2017년 13회, 2018년 10회, 2019년 2회에 이르렀다. 한일 국방장관 회담도 2013년, 2014년 각 1회에 그친 반면, 2017년 들어와 6회, 2018년 2회, 2019년 1회에 이르고 있다.

한일 상호 방문객 증가 추세를 보면, 2018년 들어 한일간 인적 교류는 무려 1,049만 명에 달할 정도로 급증하였다. 작년 방한 일본인은 295만 명으로 전년대비 27%가 증가했으며, 방일 한국인도 754만 명에 이르러 사상 최대를 기록하였다. 젊은 관광객 가운데 열성적인 한류(韓流) 팬이 많다는 것도 방한 일본 관광객 상승의 한 요인이며, 한류 팬들은 한국을 2회 이상 방문하는 재방문율이 높다.[2] 최근 들어 방한 일본인 관광객은 큰 폭으로 증가하는 것에 비해 방일 한국인 관광객 증가율은 둔화하였다. 2019년 1월~3월 방한 일본인 관광객은 약 79만 명을 기록해 지난해 같은 기간보다 26.2% 증가했지만, 방일 한국인 관광객은 약 208만 명으로 전년 대비 -2.4%를 기록할 정도로 일본인 관광객은 빠른 속도로 증가하고 있다.[3]

그러나, 한일 정상과 외교당국간 번번한 대화와 소통, 한일 양국 국민교류 1천만 시대에도 불구하고, 한일 양국간 호감도는 크게 개선되지 않았고, 대북인식 등에서 커다란 차이를 드러냈다. 한일관계는 민간교류가 증가하면 할수록 정부간 관계가 더욱 악화되는 동북아 패러독스의 전형을 드러내고 있다. 2018년 한일 국민교류가 사상 처음으로 1,000만 명

---

2 “한일관계 악화일로 불구... 일본인 관광객 가파른 증가 이유는?” 『서울경제』 2019년 4월 25일.

3 “일본 가는 한국인 줄고··한국 오는 일본인 급증” 『세계일보』 2019년 4월 29일.

시대를 맞이하였고, 전화회담을 포함하여 16회가 넘는 양국 정상간 회담에도 불구하고, 한일 관계는 전후 최대 위기라고 불리울 만큼 양국간 긴장과 위기가 지속되고 있다. 한일간 수평적 관계로의 이전, 한국의 진보정부 vs 일본의 아베 보수 정권 간 정서적인 반감, 대북인식의 격차라는 구조적인 요인마저 더해지면서 위기감이 누그러지지 않고 있다.

2018년 10월 30일 강제징용 대법원 판결 이후 사법부 결정을 존중하는 한국 측 입장과 국제법 위반이라는 일본 측 주장 간 대립, 제주 국제관함식에서 욱일기 사태로 인한 일본 해상자위대 함정의 불참 결정, 11월 화해·치유재단 해산과 위안부합의 파기 논란, 12월 일본 초계기의 저공비행과 화기관제 조사(照射) 주장으로 인한 한일간 레이더 갈등 등 잇따른 악재를 둘러싸고 한일관계가 악화된 장면이 다방면에 나타나고 있다. 한일 양국은 빈번한 정상회담과 외교장관 회담, 엄청난 인적 교류 증가에도 불구하고, 정부와 국민 간 신뢰관계를 구축하지 못한 상태이다.

문재인 정부는 북한 비핵화의 평화적 해결이라는 대북정책의 전환을 추진하면서 지속적으로 한미, 한일간 소통과 대화를 모색해 왔다. 한일간 협력과 대화의 선순환이 북일관계 개선을 촉진하고, 북일수교가 한반도 비핵화와 북한 인프라개발에 미치는 긍정적인 요인에 주목하고 있었다. 문재인 대통령은 한반도 비핵화를 둘러싸고 '재팬 패싱이라는 일본 배제는 없다.' '북일 관계 개선에 협력하겠다.' '일본인 납치자 문제 해결을 돕겠다.' 는 세가지 항목을 약속한 바 있다. 일본인 납치자 문제에 대한 아베 수상의 요청을 받아들여 4월 27일 판문점 회담을 비롯한 남북한 회담 시에 수차례나 언급하였다.[4]

4 "저팬 패싱없다. 일본 달래는 청와대" 『서울신문』 2018년 5월 29일.

일본의 대북정책은 납치자, 핵무기, 중단거리 포함 미사일 문제에 대한 완전하고 포괄적인 해결을 내세우고 있다. 국제사회의 대북제재 공조, 대화와 압력의 균형을 통하여 북한의 자세 변화를 유도한다는 것이다. 일본외교는 자민당이나 민주당 정권과 관계없이 일관되게 추진해 오고 있다. 일본은 북한의 비핵화 약속을 믿지 않고 있으며, 북한이 결코 핵무기를 포기하지 않을 것으로 판단하고 있다. 모든 핵무기와 미사일의 신고, 검증, 폐기가 완전히 끝나야 하며, 그 시점에서 비로소 비핵화로 판단 가능하다고 주장하고 있다. 또한, 현재와 과거핵을 포함한 미래 핵의 포기, 핵보유 상태의 최단 기간화를 요구하고 있다.

아베 수상의 가치관 외교와 인도·태평양 전략은 가상적인 중국 봉쇄론을 포함하여 매우 전략적이고 대립적인 구도를 그리고 있다. 문재인 정부의 동북아플러스 책임공동체와 같은 지역 내 국가 간 평화번영보다는 대북, 대중 억지력 확보와 봉쇄전략이 외교정책의 수단으로 활용되고 있다. 일본은 아시아의 민주화나 시장경제, 과거의 역사, 해양의 자유항행 등, 국제규범을 강조하고 있다. 일본은 미국과 공동으로 자유 민주주의 질서를 옹호하는 파트너로서 인도, 인도네시아, 아세안, 호주 등을 들고 있다. 이들 국가와 연계한다면 바람직한 국제규범과 질서를 공유한 지역주의를 모색할 수 있다고 주장한다(日本国際問題研究所, 2014: 4~8).

2. 하노이 회담이후 일본외교의 변용

2019년 2월 28일 베트남 하노이에서 열린 제2차 북미 정상회담에 앞서서 일본정부는 어떠한 인도적 지원이나 경제협력도 거부한다는 입장을 분명히 하였다. 또한, 미국에 대하여 일본인 납치자 문제를 의제로 다루어야 한다고 주장하였다.[5] 회담이 결렬되자마자, 아베 수상은 트럼프 대통령의 판단을 적극 지지한다고 발표하였다. 한반도 비핵화와 대북제재 완화를 둘러싸고 제2차 북미 정상회담에서 가시적인 성과를 기대했던 한국정부와 커다란 대조를 보였다.

일본정부는 문재인 정부가 지나치게 남북관계, 한미관계에 집중하고 있다고 판단하고 있다. 중국 경사론에 치우쳐 청와대와 외교부 내 지일파 부재, 한일관계 현안인 강제징용 대법원 판결이후 대책을 제시하지 않고, 한일관계를 거의 방치한 상태라고 분석하고 있다. 일본 측은 1월 9일 한일 청구권협정에 의거한 외교당국간 협의를 요청한지 4개월이 지났음에도 이에 한국측이 반응을 보이지 않자, 5월 20일 한일청구권 협정에 따른 중재위원회 설치를 요구하였다. 5월 1일 강제징용 피해자 원고단의 일본기업에 대한 자산처분 요청, 이낙연 총리의 한국정부 조치에 한계가 있다는 발언에 따라 추가 조치를 취한 것으로 보인다.

아베 수상은 금년 1월 국회에서 자칭 지구본 외교로 부르는, 유럽과 미국, 중국과 인도 등은 물론, 아시아와 아프리카 각국을 순방하면서 적극적인 외교활동을 전개해 온 점을 강조하였다. 그는 2019년 특히 일본외교가 빛나는 한 해가 될 것으로 주장하였다. 5월1일 나루히토(德仁) 신천황의 즉위와 5월25일~28일 트럼프 대통령의 일본 방문, 6월28~29일 오사카 G20 서밋트, 10월 22일 200여개 국의 정상이 모이는 천황즉위 축하연회, 내년 7월 도쿄 하계올림픽 등 일본이 국제외교의 발신지로서 역할을 주도한다는 것이다. 아베-트럼프 미일 정상간 신뢰관계를 바탕으로 미일동맹과 방위협력 강화, 작년 10월 무려 7년 만에 대규모 경제사절

---

5 『한국경제』 2019년 2월 22일.

단을 동행한 중국방문, 금년 1월 22일 모스크바에서 열린 러일 정상회담, 오사카 G20 서밋트에서 미·중·러 정상은 물론 실제로는 30개국의 국가원수 참석은 일본외교가 매우 활발한 상태임을 입증하고 있다.

그러나 구체적인 내용을 들여다보면, 아베외교가 별다른 성과를 내지 못한 채 답보상태에 머무르고 있는 점을 금방 알 수 있다. 아베 수상은 지난 1월 22일 푸틴 대통령과의 러일 정상회담에도 불구하고 북방영토 문제에 대해 전혀 양보를 얻어내지 못했다. 아베 수상이 북방 4개섬 일괄 반환에서 2개 섬 선(先)반환으로 양보했지만, 러시아는 작년 11월 외교장관회담에서 일본이 먼저 제2차 세계대전의 결과를 수용해야 한다는 강경자세를 보였다. 무려 19회에 걸친 아베-푸틴 정상회담은 충분히 평화조약 체결과 영토문제 해법을 논의했음에도 불구하고, 러시아는 오히려 영유권 주장을 강화한 채, 북방 4개 섬에서 경제협력, 러일간 무역액을 수년에 걸쳐 300억 달러로 늘린다는 합의를 재확인하였다.

1월 22일 러일 정상회담이 끝나자 일본 내에서는 아베 수상이 러시아측에 경제협력만 제공할 뿐 전혀 영토 문제 실익을 거두지 못했다는 비판이 나왔다. 작년 10월 중일 정상회담도 중국주도로 미중, 미일간 무역분쟁에 대비한 위험분산용 헤징(hedging) 전략일 뿐, 중일간 전면 협력을 지향하면서 전략적 이익 공유를 약속한 것은 전혀 아니라는 지적이다. 4월 26일 워싱턴에서 열린 미일 정상회담에서도 일본은 미국과 자유롭고 개방된 인도·태평양을 실현하기 위해 미일동맹을 더욱 강화할 것에 합의한 바 있다. 지금은 일단 봉합상태이지만, 중국의 해양진출과 일본의 가치관 외교, 미일동맹과 대만문제, 역사와 영토문제 등 중일 갈등은 언제든지 재점화될 가능성이 매우 높다.

아베 정권은 외교적인 성과를 거두지 못한 채 한국, 북한, 러시아와 교착상태에 놓여 있다. 3회에 걸친 남북정상회담과 2회 북미정상회담에서 아베외교는 존재감을 드러내지 못한 채 저팬 패싱 논란에 휘말리기도 하였다. 가장 중요한 이웃나라이자 전략적 이익을 공유해야 할 한국과의 양자관계도 악화일로를 걷고 있다. 강제징용 피해자에 대한 국내 대법원의 일본기업 보상판결 이후, 아베 수상은 양국관계 악화의 책임을 한국에 전가한 채 한국 비판을 거듭하고 있다. 국내정치에서도 아베 정권은 점차 한계에 봉착하여, 작년 9월 오키나와 미군기지를 둘러싼 오키나와현 지사 선거에서 미군기지 반대파가 승리하였다. 4월 21일 오사카와 오키나와 두 군데 보궐선거에서 여당이 참패하면서 7월21일 참의원 선거를 앞둔 자민당은 승리를 장담할 수 없는 상태이다.

임기중 헌법 개정을 추진하려는 아베 수상은 여름 참의원 선거에서 자민당-공명당 간 연립여당 의석이 참의원 의석의 2/3를 넘어야 한다. 중의원과 참의원 양원에서 각각 정수의 2/3를 넘어야 하고 국민투표 과반수를 통과해야 헌법은 개정된다. 최근 『아사히(朝日)신문』의 여론조사 결과를 보면, 일본 국민 64%가 헌법 9조 개정에 반대하고 있으며, 연립여당인 공명당은 헌법개정 자체에 매우 신중하거나 반대 입장이다. 일본경제는 올해 1분기 들어 마이너스 성장을 간신히 면할 정도로 제자리 걸음한데다 10월 소비세 10% 증세로 더욱 악화될 가능성이 높다. 아베노믹스의 한계가 점차 드러나고 있는 요즘, 정국을 돌파할 수 있는 새로운 탈출구로서 아베 수상에게 북일 정상회담이 외교적 돌파구로 부상하고 있다.

2017년 11월 ICBM급 화성-15형 이후 1년 5개월만인 5월 4일 북한의 단거리 미사일 발사에도 불구하고, 5월 10일 미국을 방문한 스가 요시히데(菅義偉) 관방장관은 마이크 폼페이오 미국 국무장관과의 회담에서 아베 수상이 전제 조건 없이 북일 정상회담을 추진하고 있으며, 미국의 협조를 요청했다고 밝혔다. 아베 수상은 미일 정상회담에서 직접 미국 트럼프 대통령에게 북일관계 개선을 위한 일본의 의사를 밝혔으며, 미국 측 양해를 얻었다고 발언하였다. 북핵 6자회담 중국 측 대표이자 차기 주일 대사인 쿵쉬안유(孔鉉佑) 외교부 차관도 지난 5월5일 중일 우호의원 연맹 회담에서 북일 정상회담을 지지한다고 발언한 바 있다.

일본은 북일 수교를 추진하면서 동북아지역에서 외교 카드로 활용하고, 다가올 참의원 선거에서 외교 성과로 활용하겠다는 속셈을 가지고 있다. 북한이 북일관계 개선에 소극적인 자세로 일관하자, 주변국의 지지를 얻어내면서 대북 접근을 시도하고 있다. 일본 외무성은 작년 7월 북동아시아 2과를 설치하여 대북 전담과를 배치하고, 다양한 루트를 활용하여 북일 실무자 협의를 지속해 가고 있다. 제2차 하노이 북미정상회담에서 트럼프 대통령은 일본인 납치자 문제를 제기하였고, 이에 대해 김정은 위원장은 납치문제를 인지하고 있으며, 언젠가 아베 수상과도 만날 것이라고 발언하였다.

5월 3일 『아사히(朝日) 신문』은 아베 정부가 북일회담 실현을 위해 납치문제 해결을 전면에 내세우던 정책을 전환했다고 보도하였다.[6] 일본은 북한과 대화를 진행하는 미국과 보조를 맞추면서 우선은 북일간 정상회담을 실현하고, 납치문제도 해결하는 방향으로 정책을 전환하였다고 볼 수 있다. 아베 수상은 조건없이 김정은 위원장과 만날 의향을 있다고 언급하면서 일본내에서 북일 정상회담 실현 가능성에 관심이 높아지고 있다. 심지어 5월 2일 『산케이(産經) 신문』과의 인터뷰에서 "김정은 위원장

---

6 『朝日新聞』 2019년 5월 3일 조간; 辺真一. "拉致問題で譲歩、後退する安倍政権. 過去の発言から 180 度転換" 2019년 5월 7일. https://news.yahoo.co.jp/byline/pyonjiniru/20190507-00125159/(2019년 6월 2일 검색)

은 국가에 무엇이 최선인지를, 유연하고 전략적으로 판단할 수 있는 지도자"라고 찬양 발언까지 하였다.

5월 27일 미일 정상회담에서 트럼프 대통령은 아베 수상과 같이 납치 피해자 가족을 만난 뒤, 북일 정상회담을 적극 지지한다고 밝혔다. 대북관계가 장기간 교착상태에 빠진 일본이 입구전략으로서 납치자 문제 해결 대신, 일단 북일간 정상회담을 성사시키면서 대화 과정에서 납치자 문제 해법을 모색하는 것으로 입장을 바꾼 셈이다. 일본으로서는 2002년 9월 평양선언 이래, 납치자 문제 선결이라는 대북정책의 원칙을 바꾼 것이나 마찬가지이다. 러일 영토교섭에 실패한 일본은 대북관계 개선을 통하여 한반도 비핵화 과정에서 외교적 입지를 구축하고, 동북아 외교의 리더십을 확보하고자 변신중이다.

북한도 미국의 강경자세와 대북제재가 지속되는 상황에서 일본카드로 미국을 측면 압박하는 수단으로 이용할 수 있다. 또한, 북일 수교가 달성될 경우 경제협력 방식으로 일본에서 들여올 약 100억 달러는 경제개발에 큰 도움이 된다. 그런 점에서 북일 대화 가능성을 예상하는 목소리가 조금씩 나오고 있지만, 북한은 어떤 긍정적인 대일관계 개선의 신호도 보내지 않고 있다. 노동신문은 대일 비난을 거듭하고 있으며, 납치자 문제가 이미 해결되었고 추가 생존자는 없다는 기본입장을 바꾸지 않고 있다. 일본도 지난 3월 독자적인 대북 제재를 2년 추가로 연장한 바 있다. 적어도 북미간 대화 국면이 본격화되지 않는 한, 북일관계의 개선은 기대하기 어렵다.

3. 강제징용 쟁점과 해법

2018년 10월 강제징용 피해자에 대한 대법원의 승소판결 이후, 한일관계가 더욱 냉각되면서 양국간 상호비판과 불신감에서 벗어나지 못하고 있다. 1965년 한일 청구권체제의 변용으로, 민주화 이후 억압되었던 위안부, 강제징용, 사할린 등의 피해자의 구제 요청을 위한 시민적, 사법적 요구가 속출하였고, 이에 따른 한일관계 관리, 국내 피해자 대책이 요구되고 있다.

사실상, 한국정부도 강제징용 피해자 구제를 위하여 많은 노력을 기울여 왔다. 2008년~2014년간 6,300억 원이 피해자들에게 위로금으로 지급되었다. 강제징용 국외동원 피해자 약 23만 명이 등록되었고, 약 7만 명에게 사망자 2,000만원, 부상자 300만원~2,000만원씩이 지급되었다. 사할린 동포 귀환, 원폭피해자 구제가 한일 공동노력으로 진전된데 비하여 일본군 위안부와 강제징용 피해자는 아직까지 중대한 과제로 남아있는 실정이다. 이번 대법원 판결은 65년 체제의 한계를 다시 한번 부각시키는 계기가 되었다.

분명한 것은 대법원 판결이 기본적으로 지금까지 대한민국 헌법과 한국정부의 입장, 한일 청구권협정과 기존 사법부의 판단을 그대로 준수하고 있다는 점이다. 대법원 판결에 따르면, 한일 청구권협정은 식민지배 배상이 아닌 양국 간 재정·민사적 채권·채무관계를 정치적 합의로 해결했다는 것이다. 따라서, 일본 정부의 한반도에 대한 불법적인 식민지배와 침략전쟁 수행과 직결된 일본 기업의 반인도적인 불법행위를 전제로, 강제동원 피해자들에게 정신적 위자료를 지불해야 한다는 판결을 내렸다. 강제징용 대법원 판결 이후 한국정부는 총리실 주재로 행안부, 외교부,

법무부, 법제처로 구성된 태스크포스에서 차관급, 국장급 회의를 거듭하면서 다양한 해법을 검토해 왔다. 그러나 이낙연 총리는 지난 5월 15일 프레스클럽 기자회견에서 사법부 판결을 전제로, 한국정부의 대책은 한계가 있다는 점을 지적하였다.

일본 측은 한일청구권 협정으로 모든 개인 보상은 끝났고, 개인청구권은 살아있지만 청구할 수 없다는 납득하기 어려운 주장을 내놓고 있다. 1999년 국제노동기구(ILO)는 일본정부가 피해자들에게 사죄와 보상할 것을 촉구한 바 있다. 신일철주금과 미쓰비시중공업 피해자를 비롯한 원고단이 수차례 일본기업 본사를 방문하여 협의개시를 요구하였지만 상식에 어긋난 문전박대로 일관하였다. 국내 전문가들이 제안하는 한일 양국 정부나 기업 공동의 2+2 기금이나 재단방식의 해법도 쉽지 않다. 일단 대법원에서 승소한 원고단은 일본기업의 보상금을 기대하고 있으며, 추가 소송이 잇따를 가능성도 있다. 2019년 1월 현재 14건, 약 900명의 원고단 소송이 진행 중이고, 집단 소송단 모집도 추진되고 있다. 판결전 화해를 통해서 기존 소송을 중단하기 위한 공동기금을 마련해도, 피해자들이 일본기업을 상대로 별도 소송을 계속하면서 '한일간 00기금의 실패 트라우마'가 재현될 확률이 매우 높다.

2019년 5월 1일 강제징용 피해자들은 신일본제철 국내자산을 현금화하기 위한 신청서를 법원에 제출하였다. 그동안 우려했던 사태가 빠른 속도로 진전되고 있으며, 한일관계 악화와 일본의 경제제재 등 보복조치 발동이 가시권에 들어오게 되었다. 일본정부는 5월 20일 한국정부에 청구권협정 3조에 따른 중재위원회 설치를 요구하였는 바, 이것은 1965년 청구권협정이래 사실상 처음으로 적용된 사례이다. 일본은 외교상 경로로 해결할 수 없는 분쟁에 대해서는 제3국 위원을 포함하는 중재위원회를 구성해서 해결하도록 규정한 청구권 협정 3조 2항에 따라 이번에 중재 회부를 요청하였다. 그런데 중재위원회 회부 역시 한국의 동의 없이 구성될 수 없으며, 중재위 회부를 한국이 수용할 경우, 중재위원회는 한일 양국 정부가 임명하는 위원과 양측이 합의한 제3국의 위원을 포함한 총 3명으로 구성된다. 물론 한국정부가 이를 받아들일 가능성은 없으며, 그럴 경우 일본은 국제사법재판소에 한국을 제소하는 절차로 나아갈 것이다.

일본정부는 5월23일 OECD 파리에서 열린 한일 외교장관 회담, 6월말 오사카 G20서밋트에서 한일 정상회담을 앞두고 한국정부의 대책을 요구하는 등, 강력하게 압박수위를 더욱 높여가고 있다. 5월말 한일 외교장관 회담도 양국 간 입장차만 재확인하는데 그치면서, 일본 측의 불만은 누적되고 있다. 고노 다로(河野太郎) 일본 외무대신이 강제징용 배상판결에 대한 해결책을 제시할 책임이 문재인 대통령에게 있다는 외교 결례를 범할 정도이었다. 강제징용 피해자들의 일본기업 자산의 현금화를 위한 법적 절차 추진과 일본정부의 국내대책 요구 사이에 끼인 한국정부는 매우 곤란한 입장에 처해 있다. 만일 이를 방치하여 일본기업의 실질적 손해가 발생할 경우, 청구권협정으로 전후보상이 모두 처리되었다고 주장하는 일본정부는 한국에 대한 경제제재를 실행할 가능성이 높다. 그럴 경우, 한일관계는 크게 악화되고 한미일 안보협력과 경제 활성화에 악영향을 미칠 것이다. 야당과 보수언론은 문재인 정부의 외교 참사로 낙인찍으면서 비난공세를 강화할 것이다.

일본 외무성과 경제산업성은 빈번한 회의를 통하여 한국 내 일본기업의 자산 처분 시 대항조치를 강구해 오고 있다. 수상관저 주도로 면밀하게 진행되고 있다고 보여지고, 극히 일부 한일 공동투자 중단 등 가시적인 징후가 나타나고 있다. 1998년 한일 어업협정에 대한 일방적인 파기나 한미 FTA 협정체결에 대한 방훼 공작이 재연될 가능성도 배제할 수 없다. 한국 경제를 떠받치는 반도체 제조에 필수적인 불화수소(불산플루오르화수소) 등 핵심 소재와 부품 수출을 금지하라는 요구가 자민당 내에서 높아지고 있다. 일본 국내에서 한국인 입국 비자 상호면제 중단, 일본내 한국기업 재산압류, 반도체 핵심부품 일시적 수출중단 등 극단적인 조치를 감행할 우려도 배제할 수 없다.

그렇다면 어떤 대책이 필요한가. 결론부터 이야기하자면, 수년이 걸릴 것으로 예상되는 국제사법재판소 또는 청구권 협정 3조 2항에 따른 중재위원회 구성은 바람직하지 않다. 상반기 중 일본기업 자산처분과 한일 간 대립 격화는 우려스럽지만, 강제징용 문제를 국제법정으로 갖고 갈 경우 장기적으로 한일관계를 더욱 악화시킬 것이다. 국제쟁점화에 따른 한일간 외교적 소모전, 만일 국제사법재판소 패소 시 국내 정치적 역풍을 감당하기 어렵고, 양국 국민에게 커다란 후유증을 남길 것으로 예상된다. 따라서 사법부의 민사소송 과정과 판결을 존중하고, 한일 양자간 문제로 한정하여 해법을 도출하는 것이 바람직하다.

향후 대책은 보다 면밀히 검토해가야 한다. 앞으로 국내 미진출 일본기업 피해자들과 서류미비 피해자들이 일본정부나 일본기업을 상대로 하는 집단소송도 빠른 속도로 늘어날 가능성이 높다. 다른 국가폭력에 의한 피해자와 지급액 차이가 커서 국내 보상금 형평성 논란이 제기될 것으로 보여진다. 지난 20여 년 동안 주요 피해자 단체들이 소송을 진행해 왔고, 전국적으로 피해자 유족을 회원으로 한 원고단 모집도 진행중이다. 전체적인 보상액을 예상하면 수십조 원의 재원과 장기간 소송에 휘말릴 가능성도 배제할 수 없다. 기본적으로 일본 전범기업과 한국 강제연행 피해자간 민사소송인 만큼, 전 사법부 사법농단에 대한 검찰조사가 진행중인 현재,

섣부른 대책은 실패하기 십상이다.

강제징용 해법 가운데 상정할 수 있는 몇 가지 시나리오를 전제로 가능한 대책을 정리하면 다음과 같다. 첫째, 한국정부가 주장해온 대로 강제징용 대법원 판결은 피해자와 일본 기업간 민사소송이며, 한국정부가 개입하지 않는 것이다. 만일 한국정부의 대책이 불가하다면, 한국기업이 보상기금을 설립할 수 있으며, 여기에 일본기업이 참여하는 것에 대해 한일 양국간 양해가 진행되고 있다. 한국과 일본기업이 공동 설립한 보상기금은 현재 소송중인 피해자와 화해를 통해서 소송을 중단시키고, 아울러 신규 소송자 가운데 충분한 증빙서류를 갖출 경우, 추가 위로금을 지급하게 된다. 그러나 어떤 보상기금을 설치하더라도 피해자가 일본기업의 보상과 사죄만을 요구한다면 이를 막을 방법은 없다. 한일 공동기금으로 소송이 중단되지만, 일본기업 상대 소송은 계속 진행되는 것이다. 각각 다른 2개의 대책이 혼용되면서 혼란이 가중되고, 한일기업 공동 보상기금의 성과를 기대하기 어렵다.

둘째, 강제징용 피해자 문제를 국제법정으로 갖고 갈 경우, 장기적으로 한일관계를 더욱 악화시킬 것이다. 중재위원회나 국제사법재판소 등 양국간 쟁점을 국제법정에 가져가는 것은 최대한 회피하는 것이 바람직하다. 이미 청구권 협정 3조 1항에 따른 외교당국 교섭조차 일본은 거부한 전례가 있다. 2011년 8월 헌법재판소의 위안부 문제 위헌판결에 따라서 한국정부가 청구권협정 3조1항에 근거하여 2011년 9월, 11월 두 차례에 걸친 외교당국간 협의를 제안하였으나, 일본 측은 무응답으로 일관하였다. 따라서 일본 측도 먼저 이에 대한 설명책임이 있다. 또한 중재위원회 조항은 일본 측이 1965년 청구권협정 과정에서 독도문제의 국제 분쟁화를 상정하여 요구하였다는 주장도 있다.

만일 일본 측이 중재위원회를 끝까지 고집한다면 한국측은 청구권협정에서 다루지 못했던 강제징용, 위안부, 사할린 동포, 원폭 피해자까지 모두 같이 다루자고 역제안하는 것이 낫다. 그럴 경우, 청구권협정에 대한 본격적인 재검토가 시작되면서 한일관계는 역사문제의 총결산을 위한 이정표를 새로 만들어갈 수 있게 된다. 1965년 청구권협정에서 한일 양국은 1910년 한일 강제병합의 불법, 합법 여부에 대하여 합의를 보지 못했다. 작년 10월 대법원판결은 1910년 강제병합을 불법으로 인정한 반면, 일본정부는 지금까지 일관되게 당시 국제법상 합법임을 주장하고 있다. 중재위원회가 개시되더라도, 한일 양국은 1910년 불법성 여부를 둘러싸고 상호간 의견차를 해소하지 못하여 조만간 중단될 가능성이 매우 높다.

일본 측 주장대로 강제징용 판결 문제를 국제사법재판소에 제소할 경우, 적지 않은 문제점이 있다. 일단 피해자중심주의에서 본다면, 현재 고령화로 90대에 달한 피해자들은 생존자 약 4,000명 가운데 매년 약 1,000명씩 사망하고 있으며, 국제사법재판소 최종 판결이 나올 시기인 약 3년 후 피해자 가운데 생존자는 수백 명에 불과할 수도 있다. 따라서 이는 매우 비인간적이고 비인도적인 방법이라고 할 수 있다. 또한, 재정적인 부담도 만만치 않다. 한국측 자료공문을 모두 영문으로 번역하고 저명한 국제법 변호사를 고용하는 등 한국정부로서는 수백억 원에서 1,000억원 이상의 재정 부담이 발생할 것이다. 만일 국제사법재판소에서 패소할 경우 정부여당에 치명적인 타격을 입힐 수 있다.

일본 측의 자세에도 문제가 있다. 최근 4월 11일 일본 후쿠시마 등 도호쿠 지방 수산물 수입규제에 대한 세계무역기구(WTO)의 한국측 승소판결에 대해 일본정부가 한국산 수산물 수입을 규제하는 등으로 반발하는 것을 보면, 일본이 국제법의 판결을 수용한다는 것은 액면 그대로 믿기 어렵다. 결국, 국제 쟁점화에 따른 한일간 외교적 소모전은 장기적으로 한일 양국에 커다란 부담이 될 것이다. 따라서 국제법정에서 다루기보다도, 국내 사법부의 민사소송 과정과 판결을 존중하고, 한일 양자간 문제로 한정하여 해법을 도출하는 것이 바람직하다.

셋째, 그렇다면 한국정부의 가능하고도 현실적인 해법은 무엇인가. 소위 피고인 일본 전범 기업 vs 원고인 피해자와 지원단체간 경제적 분쟁상태를 그대로 방치하는 것은 한일 양국관계를 크게 악화시킬 것이다. 어떻게 하면 한국정부의 개입을 최소화하면서 양국간 분쟁을 방지할 수 있을까. 필자의 견해로는 한국정부가 나서서 일단 정부차원에서 청구권협정으로 한일간 전후보상은 끝났다는 선언을 할 필요가 있다. 그리고 나서 청구권자금 유상과 무상 합쳐서 5억 달러를 받아서 성장한 국내 대기업들, 예를 들면, 포스코, KEB하나은행, 한국전력공사, 한국도로공사 등의 기업에 의한 공동 보상기금을 설립하는 것이다. 일단, 포스코를 100억원으로 할 경우, 나머지 기업들의 헌금을 포함하면 약 350억원 정도의 기금 모금이 가능하다. 전술하였다시피, 일본 정부도 일본기업의 자발적인 기금참여는 가능하다는 양해가 진행되고 있다. 신규 기금을 재원으로 하여, 현재 소송중인 약 900명 피해자가운데 확실한 증빙서류를 갖춘 피해자에게 각 1억원을 지급하고, 나머지는 지금까지 지급했던 2,000만원+추가분을 상정하여 개별 지급하는 것이다.

그럴 경우, 한국정부의 개입 부담은 줄어들지만, 실질적인 한일 양국의 정부대책으로 효과를 기대할 수 있어서 한일관계 악화를 방지할 수 있게 된다. 일단, 한국정부가 피해자와 지원단체, 법률 소송 변호사들과 전문가, 외교부 관계자로 이루어진 대책위원회를 설치하고 거기에서 나온 결론을 존중하는 방향으로 가겠다는 해법을 일본 측에 제시할 필요가 있다. 일본 측도 이를 긍정적으로 수용하면서, 6월말 오사카 G20에서 한일간 정상회담이 열릴 가능성이 높아진다. 한일 양자회담이 부담될 경우, 박근혜 정부기 한일갈등에 개입한 오바마 대통령의 중개로 2014년 3월 25일 네덜란드 헤이그에서 한미일 정상회담이 열린 것처럼, 오사카 G20에서 한미일 정상회담을 갖는 것도 하나의 방법이다. 물론 잇달아 6월말 서울에서 열리는 한미 정상회담은 한일관계 개선은 물론, 한반도 비핵화에 있어서 남북간, 북미간 협상재개에 도움이 될 것이다.

5월 1일 신 천황 즉위, 6월 28일 오사카 G20 서밋트, 연내 제8차 한중일 정상회담과 신 천황 즉위 축하식 등을 한일관계를 개선할 기회로 활용하여 양국관계를 대국적으로 진전시킬 수 있는 계기를 만들어가야 한다. 강제징용을 둘러싼 한일관계 악화에 대해 한국정부가 보다 적극적인 대응을 검토하는 것이 바람직하다. 한반도 비핵화에 대한 한일간 인식차를 메우기 위한 다양한 채널의 구축과 빈번한 양자간 대화와 소통, 강제징용에 대한 양국 정부와 기업 간 협력을 통한 해법 도출은 당장 추진되어야 한다. 앞으로 한반도 비핵화 과정에서 일본정부가 건설적인 역할을 맡을 수 있도록 한일협력을 강화해야 할 것이다. 향후 북미관계 진전과 비핵화 회담에서 일본의 지지와 협력, 일본 내 한국 이미지의 긍정적인 제고, 일본 기업의 안정적인 한국투자 유도, 방한 일본인 관광객의 증가에 기여할 것이다. 임기 후반 한일관계의 안정적인 관리를 통하여 한반도 비핵화를 위한 일본의 지지와 협력, 한일 협력을 통한 경제 활성화를 적극적으로 추진해가야 한다.

4. 맺음말-동북아 외교 전략의 재구성

지난 5월 28일부터 3박 4일간 트럼프 대통령 일본 국빈방문과 미일 정상회담은 미일동맹이 더욱 강고해진 사실을 여실히 보여준 것이었다. 아베-트럼프 간 미일 정상은 공식 회담 11번, 골프회동 5번, 전화 30번으로, 트럼프 대통령이 가장 자주 만난 외국 정상은 바로 아베 신조 일본 수상이었다. 환대외교, 굴욕외교라는 논란이 있지만, 트럼프 대통령이 미국 외교에 미치는 불안정한 개인적 변수를 미일 정상간 스킨십을 통해 최대한 억제하면서 미일 통상 마찰과 7월 말 참의원선거에 대비한 아베 수상의 적극적인 외교 전략이었다고 평가할 수 있다.

트럼프 대통령이 직접 자위대 함정인 가가 함상에 역대 미국 대통령 최초로 승선하는 등 미일 양국은 대북전략과 인도태평양 전략을 공유하는데 그치지 않고, 아베 수상이 이란 방문을 통해 중동 내 긴장완화라는 미국 외교 전략의 역할 분담에까지 나아가고 있다. 미일동맹의 진화로 동맹의 광역화, 유연화가 현저해지고 있으며, 미일동맹의 글로벌화가 착착 진행되고 있는 모양새라고 할 수 있다. 미일 양국은 인도태평양 전략에서도 이익을 공유하고 있으며, 미국 해군과 일본 해상자위대 인도양 공동훈련, 인도와 호주를 포함한 QUAD 등 미일동맹의 외연 확대와 안보 네트워크 구축이 두드러지고 있다. 일본은 미국과 호주, 인도, 러시아에 이어서 중국에까지 중일 양국의 외교-국방장관 간 '2플러스2' 회의를 제안하였다. 동시에 납치자 문제 선결이라는 전제조건 없이 미국, 중국의 지지를 얻어서 북일 정상회담을 추진하고 있다.

한국의 진보 정권와 아베 정권 간 대립은 역사와 영토 변수 뿐만 아니라, 대북인식과 동북아전략의 격차에서 더욱 커지고 있다. 동북아 평화번영과 신남방, 신북방 외교 vs 아베 수상의 가치관 외교와 적극적 평화주의, 한반도 비핵화와 남북간 정전 선언과 평화체제 구축 vs 미일 동맹과 인도 태평양 전략의 불일치, 역사와 영토를 중심으로 한 한일관계의 긴장과 갈등, 통상과 안보 그리고 핵과 미사일 등 동북아 국제정치의 복합성과 중층성은 더욱 심화되고 있다.

노무현 정부의 외교안보 정책과 한일관계는 전형적인 사례로 볼 수 있다. 2005년 한일간 관계악화는 야스쿠니 신사참배, 교과서 문제, 독도영유권 등 역사 문제로 발생한 것이지만, 동시에 북한 문제나 중국의 대두, 대미 동맹관계 등 동아시아의 지정학을 둘러싼 국제정세에 대해 한일 양국간 상이한 인식과 대응에 기인한 것이었다(西野純也, 2019). 거꾸로 진보정권이면서도 김대중 정부기에 한일 갈등이 적었던 것은, 한일 간 근본적인 대북인식과 동아시아 외교전략이 상당 부분 일치했기 때문이라는 역발상적인 설명도 가능하다. 1998년 10월 김대중-오부치 한일파트너십 공동선언에 따르면, 오부치 수상은 김대중 대통령의 대북정책에 대한 지지를 표명하였으며, 상호 긴밀히 연대하기로 합의하였다. 북한 미사일 발사에 대한 유엔안보리 발표에 양국은 공동보조를 맞추는 등 한일간 전략적 목표가 접근해 있었다. 아세안+3, 동아시아 공동체라는 지역주의 정책에서도 한일 양국은 공감대를 형성하고 있었다(양기호, 2017: 146~180).

문재인 정부는 신한반도 체제 구축을 통하여 한반도에서 전쟁 위협과 안보 불안을 해소하고, 평화경제의 시대로의 전환을 적극적으로 모색하고 있다.[7] 문재인 대통령은 지금 식민과 전쟁, 분단과 냉전으로 고통 받던 시간에서 평화와 번영의 시대를 주도하는 시간으로 역사의 한 페이지를

7 『한겨레신문』 2019년 2월 25일.

넘길 것을 강조하였다. 또한, 역사의 변방이 아닌 중심에 서서, 전쟁과 대립에서 평화와 공존으로, 진영과 이념에서 경제와 번영으로 나아가는 신한반도 체제를 주도적으로 준비하겠다는 것이다.

일본의 전방위적인 외교접근에 대하여 한국도 적극적으로 대응해갈 필요가 있다. G20 오사카 서밋트 이후 한미 정상회담은 매우 중요하며, 앞으로 중국과 러시아 등, 한반도 이익이 직접 결부된 4강 외교는 물론 동아시아까지 포괄하는 종합적이고 창조적인 외교 전략을 재구축해 나가야 한다. 미국의 인도태평양 전략과 중국의 해양굴기, 북중러간 관계 강화와 미일동맹의 진화가 두드러진 가운데 한반도는 주변 강대국의 국익이 격돌하는 국제정치의 최전선이 되고 있다. 보다 새롭고 대담한 동아시아 외교 전략의 그랜드 플랜이 재검토되고 추진되어야 함은 두말할 나위가 없다. 이를 위해서는 교착상태에 빠진 남북관계와 역사 갈등에 매몰된 한일관계에서 벗어나서 대국적인 외교 전략의 관점에서 개별 사안을 조망해야 한다. 일단, 국제법정에서 한일 분쟁을 위탁하지 않는다는 원칙이라면 한일간 정치적 타결을 위한 해법과 로드맵을 적극적으로 추진해가야 할 것이다.

■ 참고문헌

양기호. 2017. “한일관계 50년의 성찰-1998년 한일파트너십 공동선언의 합의와 경과.”『한일관계 50년의 성찰』. 오래.

日本国際問題研究所. 2014.『インド太平洋時代の日本外交』.

西野純也.2019. “盧武鉉政権期の日韓関係ー韓国の新しい秩序の台頭”.『法学研究(慶応大学)』. 92(1).

한러 관계와 한반도 평화

조한범 | 통일연구원 선임연구위원

1. 신한반도체제와 북방공간의 재해석

2018년 4.27 판문점 남북정상회담을 필두로 한반도 정세의 의미있는 변화가 진행되고 있다. 중요한 것은 한반도 비핵·평화체제 구축 프로세스이다. 약 1년여의 기간에 걸쳐 남북정상회담 3회, 북미정상회담 2회, 북중정상회담 4회, 그리고 북러정상회담 1회 등 총 10차례의 한반도 관련 주요 정상회담이 개최되었으며, 모든 회담에 김정은 위원장이 참석했다. 북한의 핵정책 변화를 읽을 수 있는 대목이다. 하노이 2차 북미 정상회담 이후 조성된 난관에도 불구하고 큰 틀에서 비핵화 협상 국면은 지속되고 있다고 볼 수 있다.

한반도 문제의 당면 현안인 비핵화 문제는 북한에 대한 체제보장 및 한반도 평화체제 구축과 긴밀하게 연결되어 있다. 한반도 비핵·평화체제가 구축될 경우 남북 관계는 화해와 협력시대로 전환될 것이며, 북미 대립의 종식과 양국 수교, 그리고 북일관계 정상화 등 한반도와 동북아 기존 질서의 구조적 재편이 불가피하다.

한반도와 동북아의 국제질서는 샌프란시스코 체제와 한반도 분단체제에 기반을 두고 있다. 1949년 중국이 공산화되자 미국은 이를 견제하기 위해 태평양전쟁 종전처리를 서둘러 마무리하고 패전국 일본을 동맹국으로 전환시켜 아시아 전략의 핵심 거점으로 삼았다. 한국 전쟁은 정전체제로 귀결됨으로써 동서 양 진영의 냉전구조 위에서 한반도의 불안정한 분단체제가 형성되었다. 냉전기를 통해 샌프란시스코체제와 분단체제는 강화되었으며, 한미일 대 북중러 간 북방삼각 대립구도의 관성은 아직도 완전히 소멸되지 않고 있다.

한반도 비핵·평화체제가 성공적으로 구축될 경우 한반도와 동북아는 대립과 갈등이 아닌 평화와 번영에 기반을 둔 새로운 질서로 전환될 것이다. 문재인 대통령은 금년 3.1절 기념사에서 신한반도체제를 천명했다. 신한반도체제는 일제 강점, 샌프란시스코체제와 분단체제, 그리고 냉전을 통해 강요된 지난 100년의 수동적 한반도질서에서 벗어나 우리가 주도하는 새로운 100년의 신질서 수립을 의미한다. 문 대통령은 신한반도체제의 양대 축으로서 평화협력공동체와 경제협력공동체를 제시했다. 평화협력공동체는 한반도의 항구적 비핵·평화체제 구축을 의미하며, 경제협력공동체는 평화경제 시대의 개막을 의미한다. 신한반도체제의 비전은 강요된 '수동적 냉전질서'에서 '능동적 평화질서'로의 전환을 통한 평화와 번영의 한반도와 동북아시대의 새로운 100년이다.[1]

신한반도체제는 문재인 정부의 비핵·평화체제 구축전략, 대북·통일정책, 외교안보정책, 그리고 국가발전을 융합하는 종합전략이라고 할 수 있

1 조한범. "신한반도체제의 비전과 목표." 2019 KNU 국제학술회의- 신한반도체제의 비전과 과제. 2019년 5월 24일.

다. 아울러 한반도, 동북아, 나아가 북방과 남방을 연계하는 포괄성을 띠고 있다는 점에서 국제 전략이라고 할 수 있다. 신한반도체제는 평화협력공동체와 경제협력공동체를 양대 축으로 한반도와 동북아 신질서의 형성을 지향하는 특징을 지니고 있다. 한반도의 비핵·평화체제 프로세스의 목표는 한반도의 평화지대화이며 이는 동북아 신안보질서 형성과 연계됨으로써 역내 평화협력공동체의 형성을 촉진하게 될 것이다. 또한 남북경제공동체 형성을 중심으로 신북방정책 및 신남방정책의 연계를 통해 한반도와 동북아의 경제협력공동체 형성도 가속화할 것이다.

〈그림 1〉 신한반도체제 추진 구도 (조한범 2019: 7)

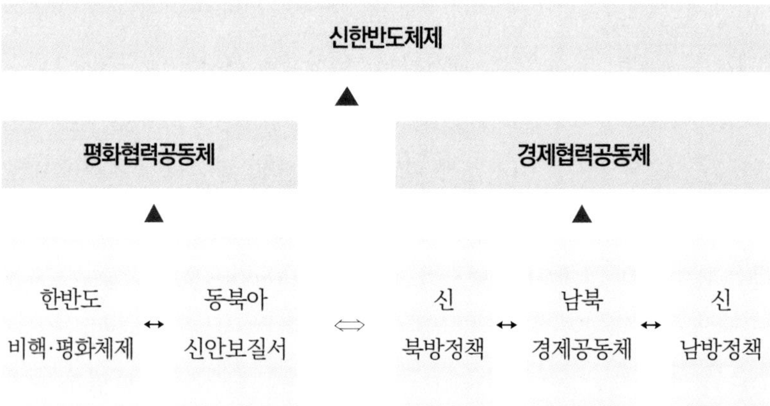

신한반도체제의 도래에 있어서 주목할 점은 북방공간의 재해석이다. 한반도는 대륙임에도 불구하고 19세기 말부터 강력한 해양세력의 영향권에 놓여 일본 강점에 이어 광복 후 미국의 세력권에서 국가발전을 추구해왔다. 한국은 냉전체제의 최전선이었으며 한미동맹을 기반으로 미국, 일본, 유럽 등 해양 교역을 중심으로 수출지향 경제체제를 발전시켜 왔다. 한반도가 장기간 대륙국가로서의 정체성에서 멀어진 이유이다.

냉전체제의 해체와 한러, 한중 수교를 통해 한국의 북방정책은 변화해 왔다. 특히 중국의 경제적 성장을 바탕으로 한중 경협이 비약적으로 확대됨으로써 한국경제의 유라시아 비중이 커지고 있다. 그러나 분단체제로 인해 대륙국가로서 한반도의 정체성은 완전하게 회복되지 않고 있으며, 육로를 통한 북방으로의 진출은 구조적으로 봉쇄되어 있다. 반면 북방과 유라시아의 공간은 역동적으로 변화하고 있으며, 이는 역내 각국의 국가발전전략과 관계가 있다. 러시아는 시베리아 극동개발을 위해 신동방정책에 공을 들이고 있으며 중국은 일대일로 정책을 가속화하고 있다.

신북방정책은 한반도와 북방을 연계함으로서 새로운 국가발전의 동력을 확보하는 것을 지향한다. 북방은 중국, 러시아, 중앙아시아를 포함하며 궁극적으로 유럽을 포괄하는 유라시아의 의미를 내재하고 있다. 한반도와 유라시아 대륙을 연계한 교통·물류 및 에너지 네트워크를 형성하고 경제협력을 가속화할 경우 해양에 의존했던 한국의 발전전략 및 물류체계의 근본적 전환이 가능하다. 선박과 비행기를 이용한 교통·물류체계가 점과 점의 연결이라면, 철도·도로를 이용한 육상운송은 선의 연결로 경제통합의 면을 창출한다는 점에서 의미가 있다. 철도와 도로망의 연계를 통해 한반도에서 중국, 러시아, 중앙아시아, 그리고 유럽까지 육상이동이 가능해지며, 유라시아 대륙 전체의 경제통합이 촉진됨으로써 공동번영 가능해질 것이다.

한반도는 유라시아 대륙과 태평양 해양권을 연결하는 지정학, 지경학적 특성을 지니고 있으며, 따라서 역내 경제통합의 핵심 매개체로서 잠재력을 내재하고 있다. 근대 이후 태평양권은 강력한 해양 세력권을 형성하고 있기 때문에 한반도는 더 이상 대륙의 주변부가 아니며, 대륙과 대양 세력권을 연계하는 중심에 위치해 있다. 유라시아 협력시대에 있어 한반도는 대륙국가의 정체성을 회복함은 물론 대륙과 대양을 연계하는 허브 국가로서의 위상정립을 통해 21세기 '한반도 르네상스 시대'의 개막이 가능할 것이다. 신한반도체제 경제협력공동체의 핵심인 남북 경제공동체 형성을 가속화 할 경우 한반도와 중국, 러시아, 중앙아시아 등 유라시아 대륙과의 연계성이 획기적으로 증대될 것이다. 한반도와 북방과의 경제 협력의 확대는 역내 평화의 증진과 아울러 안보협력의 확대를 진전시키는 요인으로 작용하게 될 것이다. 중국, 러시아, 유라시아를 거쳐 유럽과 연계되는 광대한 북방공간은 신한반도체제의 새로운 가능성의 영역으로 적극적으로 재해석되어야 할 것이다.

2. 러시아의 신동방정책

푸틴 정권의 대외정책은 탈냉전이후 변화된 세계질서를 기반으로 하고 있다. 푸틴 정권은 소련의 몰락이라는 현실과 상실감을 반영해 '강한 러시아'의 구현을 목표로 전방위외교를 지향하고 있으며, 고유가 국면에서 확보된 오일머니를 전략적 자원으로 활용할 수 있었다. 그러나 러시아는 미국과 나토와의 관계에서 불신관계를 해소하지 못하고 크림반도 및 우크라이나 사태로 인해 상호 불신과 견제는 심화되는 경향을 보이고 있다. 저유가 시대의 도래와 러시아에 대한 미국과 나토의 제재는 러시아의 국가발전전략과 대외정책에 제약요인으로 작용하고 있다.

푸틴 대통령은 집권 초부터 아시아 태평양에 대해 관심을 가져왔다.[2] 집권 4기에 접어든 푸틴 정권의 대외정책에서 중시되는 부분은 아시아 태평양정책이며, 특히 시베리아 극동 개발에 역점을 두고 있다. 러시아 경제는 전체 수출의 2/3를 차지하는 에너지 수출에 절대적으로 의존해왔다는 점에서 구조적인 제약요인을 내재하고 있다. 구 소련체제 해체 이후 체제전환 과정에서 러시아는 산업의 체질개선과 새로운 경제성장 동력을 확보하는데 한계를 보였다. 러시아 경제는 에너지를 포함한 채취산업, 오일머니에 기반을 둔 금융, 그리고 수입 의존 소비구조를 중심으로 구성되어 있다. 러시아 경제는 세계경제의 활황과 고유가 국면에서는 효과적이나, 그 반대의 경우는 취약할 수밖에 없는 구조적 특성을 지니고 있다. 국제유가가 저유가 국면으로 접어들면서 러시아는 타격을 받았으며, 크림반도 및 우크라이나 사태로 인한 미국과 서방의 대러시아 제재는 원유수출에 의존하는 러시아 경제에 대해 압박으로 작용하고 있다.

러시아 경제의 한계를 극복하기 위해 푸틴 정권은 아시아 태평양 지역의 중요성을 재인식하고, 시베리아 극동개발을 새로운 국가발전의 동력으로 활용하기 위해 노력하고 있다.[3] 시베리아 극동 개발은 러시아의 오랜 숙원으로서 역대 러시아 정권의 주요 국정과제였다. 1987년 고르바초프 정권 시기 '2000년까지의 극동·바이칼지역 사회경제 발전 연방프로그

---

2 "아·태 지역의 경제협력에 대한 러시아의 전면적인 참여는 자연스럽고 또한 회피할 수 없는 것이다." 푸틴 대통령 기고문, "러시아: 새로운 동방 전망" *Nezavisimaya Gazeta* 2000년 11월 14일.

3 "21세기 러시아 발전의 벡터(vector)는 동쪽으로의 발전이며, 시베리아 극동은 우리의 엄청난 잠재력이다. 이것은 가장 정력적이고 역동적으로 발전하는 세계의 한 지역인 아·태지역에서 러시아가 귀중한 지위를 차지할 수 있는 가능성이다." 푸틴 대통령, "연방의회 연례교시" 2012.12

램'이 만들어졌으며, 1996년 옐친(Boris Yeltsin) 정권기에도 동지역에 대해서 2005년까지의 발전 프로그램이 계획되었다. 이 같은 기조는 푸틴 정권에서 보다 강화되었다. 푸틴 대통령은 2012년 5월 러시아 최초 단일 지역개발 전담 연방부처로 극동개발부를 신설하고 신동방정책을 발표했다. 신동방정책의 핵심은 시베리아 극동 개발이다. 푸틴 대통령은 2012년 12월 연례 국정연설을 통해 21세기 러시아 발전방향은 동방이라는 점을 강조했으며, 2013년 12월 연례국정연설에서 태평양지역의 비중을 재조정함으로써 새로운 경제적 기회와 풍부한 외교정책의 수단을 확보하게 될 것이라고 언급했다. 푸틴 정권은 지역 균형발전을 통한 국가 통일성 확보를 우선 목표로 설정하고, 이를 실현하기 위해 시베리아와 극동개발 프로그램을 추진하고 있다.

시베리아와 극동은 동북아 에너지 공급의 거점이 될 수 있는 충분한 천연자원을 보유하고 있으며, 러시아와 동북아시아를 연계하는 지역이라는 점에서 발전의 잠재력이 크다. 그러나 열악한 인프라와 투자부족 등으로 인해 시베리아와 극동지역은 장기간 저개발상태에서 벗어나지 못했다. 신동방 정책은 시베리아와 극동의 개발을 통해 대서양에 의존해온 러시아 국가발전전략의 한계에서 벗어나 장기적인 신성장동력을 확보하겠다는 푸틴 대통령의 야심찬 계획이다. 중요한 것은 한국의 신북방정책과 러시아 신동방정책이 매우 큰 친화력을 가지고 있다는 점이다. 한국의 신북방정책의 가능성을 실현하기 위해 적극적인 노력이 필요한 이유이다.

3. 북러관계의 딜레마와 한국의 전략적 중요성

김정은 위원장은 금년 4월 블라디보스토크를 방문해 푸틴 대통령과 정상회담을 개최했다. 김 위원장의 방러는 양국관계 개선의 목적과 아울러 하노이 2차 북미 정상회담 결렬의 충격을 해소하기 위한 외교적 카드의 성격이 있다. 북한에 대한 후원자로서 중국의 역할에 일정한 한계가 있다는 점에서 구 사회주의 우방이었던 러시아는 북한의 현실적인 대안이 될 수 있기 때문이다. 러시아는 유엔안보리의 일원으로 대북제재 해제에 대한 발언권이 있으며, 러시아에 대한 북한 노동자 송출은 북한 경제에서 중요한 비중을 차지하고 있다. 김 위원장의 방러 목적은 양국 정상회담을 통해 비핵화협상에 대한 러시아의 협력과 경제적 지원의 확보라고 볼 수 있다.

러시아 역시 북한과의 관계개선이 필요하다. 전통적으로 러시아는 한반도에 대해 영향력을 행사하기 위해 노력해 왔다. 특히 비핵화협상의 진전은 한반도와 동북아 안보질서 변화를 초래하고, 한반도와 국경을 접하고 있는 러시아에 직접적인 영향을 미치는 사안에 해당한다. 푸틴 대통령에게 김정은 위원장과의 정상회담은 한반도 문제에 대한 러시아의 영향력을 행사할 수 있는 좋은 기회에 해당한다. 러시아의 신동방정책 추진을 위해 북러 관계는 중요하다. 신동방정책의 핵심은 시베리아 횡단철도(TSR)를 중심으로 한 교통·물류체계와 가스 등 풍부한 에너지 자원의 활용이다. 시베리아와 극동의 철도와 에너지를 효과적으로 활용하기 위해서는 한반도라는 출구가 필요하며, 그 중심에 북한이 있다. 푸틴 대통령은 2014년 5월 북한의 구소련에 대한 채무 109억 달러 중 90%를 탕감하는 협정에 최종 서명했다. 잔여 10억 9,000만 달러는 20년 분할 상환 조건으로 북한의 에너지 분야 등에 재투자하게 규정되어 있다. 북한과의 협력을 중시하는 러시아의 의중을 읽을 수 있는 대목이다. 러시아는 이미 나진-하산간 철도의 개보수 및 나진항을 활용해 자국의 석탄을 수출하는 사업을 시행중이며, 동 사업을 UN 대북제재에서 제외시킨 바 있다.

김 위원장과 푸틴 대통령은 블라디보스토크 정상회담을 통해 일정한 성과를 거둔 것으로 볼 수 있다. 김 위원장은 러시아와의 관계 개선을 통해 하노이 북미 2차 정상회담 결렬 이후 위축된 외교적 입지를 확대하는 성과를 거두었다. 푸틴 대통령은 한반도 문제에 대한 러시아의 존재감을 확인하는 성과를 도출했다. 푸틴 대통령은 북러 정상회담에서 6자회담의 재개가 필요하다는 의지를 피력했으며, 6자회담은 한반도 문제에 대해 러시아가 개입할 수 있는 다자협상의 틀이다.

그러나 북러 양정상은 합의문을 도출하지 못했으며, 김 위원장은 일정을 단축해 귀국했다. 김 위원장은 푸틴 대통령에게 대북제재 해제에 대한 명시적인 답변을 듣지 못했으며, 경제협력과 대북지원에 대해 기대만큼 호응을 얻었는지도 알려지지 않았다. 김 위원장의 최초 북러정상회담이라는 의의에도 불구하고 상징성이 큰 모스크바가 아니라 블라디보스토크를 선택해 실무형 방문을 한 것은 이번 회담의 한계를 보여주고 있다. 김 위원장으로서는 외교적 출구의 확보가 시급했으나 러시아의 역할에는 제약이 있었다고 볼 수 있다.

북러 경제관계는 중국에 비교했을 때 미미한 수준이다. 2018년 북러 교역액은 3,405만 달러이며, 전년대비 56.3% 감소했다. 북한의 대외 무역에서 러시아의 비중은 1% 내외에 불과하며, 북한 경제에 대한 러시아의 영향력은 한계가 있다. 북러 경제관계에 있어 보다 중요한 분야는 북한 노동자의 러시아 송출이다. 러시아내 북한 노동자는 최대 3만 명에 달했으나 대북제재 여파로 최근 1만 명 수준으로 감소했으며, 이들은 대북제재 조치로 금년 말까지 모두 귀국해야 한다. 북한의 중요 외화 수입원인 노동자 송출이 중단되면 외화부족 사태의 악화가 자명하다. 북한 노동자의 체류연상은 대북제재 위반이라는 점에서 러시아가 이를 해결해 줄 가능성은 희박하다.

북한과 러시아는 양국이 행사할 수 있는 외교 안보, 경제적 카드에 있어 제약이 있다. 러시아는 북한이 원하는 외교 안보, 경제적 협력을 제공할 수 있는 여력이 충분하지 않으며, 북한 자체만으로는 러시아에게 매력적인 대상이 아니다. 북한이라는 단절구간을 복원하는 것은 러시아 신동방정책의 추진을 위해서 매우 중요하지만 그 궁극적 목표는 한국과 태평양 해양권이다. 향후 북한은 잠재적 후원자로서 러시아를 필요로 할 것이며, 러시아도 한반도 문제에 대한 영향력 확보와 신동방정책의 추진을 위해 북한을 중시할 것이다. 그러나 북러 양국의 필요성에도 불구하고 관계개선에는 일정한 한계가 있으며, 러시아의 입장에서 보다 중요한 파트너는 한국이라고 할 수 있다. 러시아는 한반도 통일을 지지하는 입장을 견지하고 있으며, 통일과정이 한국의 주도에 의해 진행될 것이라는 전망[4]을 내놓고 있다는 점을 주목할 필요가 있다.

4. 한러 협력 방안

러시아는 한반도 통일에 대해서 주변국 중 가장 실용주의적이며 현실적인 접근을 하고 있다는 점에 주목해야 한다. 러시아는 미국과 중국에 비해 한반도에 대해서 상대적으로 영향력이 작기 때문에 한반도 통일로 인한 국제정세 및 역학구도의 변화로 인한 안보적 영향이 작은 반면 자국

4 러시아 국책기관인 IMEMO는 북한의 국력 약화 추세에 따라 2020년대 후반에는 한국 주도의 실질적 통일단계 진입할 것이라는 전망을 내놓은 바 있다(IMEMO RAN, 2011).

의 국가발전 전략인 신동방정책이 탄력을 받을 수 있기 때문이다. 중요한 것은 한국의 신북방정책이 러시아의 신동방정책과 높은 친화력을 가지고 있다는 점이다.

시급한 것은 당면 현안인 북한 비핵화에 대한 러시아의 협력을 적극적으로 견인해 내는 것이다. 장기간 갈등관계를 형성해온 북미간의 신뢰형성에는 시간이 필요하며, 중국의 영향력에도 일정한 한계가 있다는 점에서 러시아는 북미 비핵화 협상을 촉진하기 위한 효과적인 수단이 될 수 있다. 러시아는 북한의 핵문제가 역내 안정을 해치는 문제라는 인식에 동의하고 있으며, 완전한 비핵화에 대해 일관된 입장을 견지하고 있다. 러시아는 북핵 문제에 대한 미중 패권경쟁 구도의 부정적 영향을 완화할 수 있는 잠재력을 가지고 있다는 점에서 비핵화를 위한 러시아의 협력을 확보하는 노력이 필요하다.

한러 관계발전을 위한 방법론으로서 양자동맹 현실을 기반으로 하되 소다자주의와 다자주의를 적극적으로 활용하는 창의적 대안을 모색할 필요가 있다. 한국과 러시아 사이에는 북한이라는 단절구간이 존재하고 있다는 점에서 북한을 제외한 양국 협력에는 한계가 있다. 또한 한반도가 대륙과 해양을 연계하는 지정학적 특성을 지니고 있다는 점에서 한러관계의 변화는 역내 국가들의 이해관계와 직간접적으로 연계되며, 사안에 따라서는 역내 국가를 포함하지 않을 경우 양국 관계 발전에 근본적 제약이 발생할 수 있다. 한러관계에 있어서 소다자주의와 다자주의적 접근이 유용한 이유이다.

동북아의 경우 유럽과 달리 다자주의와 지역주의 차원의 안보적 신뢰구축 경험이 미약하다. 이같은 한계를 극복하기 위한 방안으로 한반도의 전략적 중요성을 기반으로 역내 네트워킹의 중심으로 위상을 정립하는 전략이 모색될 수 있을 것이다. 핵심은 에너지와 교통·물류체계의 연계를 통한 경제협력의 확대이다.[5] 철도 연결, 가스 전력 등 에너지 네트워크 형성, 극동지역 투자 확대, 한반도를 통한 러시아와 아시아경제권의 통합이 가속화될 경우 러시아의 GDP는 최대 3%까지 증대될 수 있다(놀랜드, 2014: 51).

우선적인 협력방안은 철도 등 교통·물류와 에너지 분야의 남북러 3자 협력관계를 확대하는 소다자주의의 모색이다.[6] 러시아는 시베리아횡단철도(TSR)를 활용해 러시아를 동북아와 유럽을 연계하는 물류의 허브로 발전시키고, 시베리아와 극동을 개발하는 계획을 가지고 있다. 이 같은 맥락에서 러시아는 한반도와 철도연결에 높은 관심을 가지고 있다.[7] 한러간 철도 연결로 러시아는 통과 수수료 확보[8]와 지역경제 활성화를 기대할 수 있으며, 한반도는 유라시아 대륙과 태평양을 연계하는 교통·물류망의 허브로서의 위상을 정립할 수 있다. 러시아가 추진중인 TSR의 고속화 등 물류현대화 계획이 완성될 경우 부산과 크라스노예 간 운송시간은 기존 21

5 "시베리아 횡단 열차와 한반도 횡단 열차의 연결, 남북한의 전기·가스 파이프라인을 연결하는 사업이 성사될 경우 엄청난 경제효과가 창출된다" 알렉산드르 티모닌(Alexander Timonin) 『월간중앙 2015』 5호 (특집기획 인터뷰). 2015년 4월 15일.

6 "우리는 가스와 에네르기, 철도건설 분야에서 로시아, 조선민주주의 인민공화국, 대한민국 사이의 3자 계획을 비롯하여, 호상 관심사로 되는 모든 방향들에서 조선민주주의 인민공화국과의 협조를 확대할 용의가 있습니다. 이 계획들을 실현하는 것은 중요한 경제적 의의를 가지게 될 것이며, 동북아시아의 정세를 안정시키고 조선반도의 비핵화에 이바지하게 될 것입니다." 메드베데프(Dmitry Medvedev) 대통령이 김정일 위원장에게 보낸 축전. 『로동신문』, 2011년 8월 15일.

7 "한국의 한반도종단철도와 러시아의 시베리아횡단철도(TSR) 연결 사업인 이 프로젝트가 관심 있게 지켜볼 만한 공동사업이라고 생각한다." 푸틴 대통령의 『KBS』 인터뷰. 2013년 11월 12일.

8 연간 물동량 50만 TEU에 유럽까지 운송료를 TEU당 1,100달러로 상정할 경우 통과 수수료는 연간 5억 5,000만 달러가 될 것이다(제빈·수슬리나, 2014: 77).

일에서 8일로 단축될 수 있을 것이다.[9] 아시아와 유럽간 연간 무역액은 1조 달러로 추산되나 철도 운송 비중은 1%이하에 불과하기 때문에 육상 운송의 전망은 밝다. TSR의 경우 최대 100만 TEU 물량 수용이 가능한 것으로 평가되고 있다.[10] 우선 경원선 구간을 복원해 시베리아 횡단철도(TSR)와 한반도 종단철도(TKR)를 연결하고, 중장기적으로 북한 내륙철도의 현대화를 위한 남북러 협력도 강화할 필요가 있다. 나진항 현대화와 아울러 북한 내 인프라의 개보수를 노력도 배가해야 할 것이다.

한반도와 시베리아 극동을 연결하는 가스관을 연결해 안정적 에너지 수급체계를 구축하고, 북한의 에너지난을 해소하는 방안도 모색해야 할 것이다. 에너지 네트워크의 형성을 통해 한국은 안정적이고 경제적인 에너지 수급이 가능하며, 러시아는 유럽중심의 가스 수출시장의 다변화가 가능하다(제빈·수슬리나, 2014: 79~80). 동시베리아-태평양 송유관(ESPO)이 건설될 경우 러시아는 급증하는 아태지역의 에너지 수요에 부응할 수 있으며 한국은 원유수입선의 다변화와 아울러 경제성도 확보할 수 있을 것으로 전망된다.[11] 한국은 배관, 에너지 및 액화천연가스 플랜트 등의 분야에서 기술선진국이라는 점에서 한러 에너지 협력은 충분한 경쟁력이 확보할 수 있을 것이다.

---

9 정인수. “유라시아 철도의 미래와 남북철도 연결.” 2015 유라시아 교통·에너지 국제 콘퍼런스 발표자료. 2015년 4월 22일.

10 보리스 라피두스(Boris Lapidus). “시베리아 극동 개발 계획과 국제협력” 2015 유라시아 교통·에너지 국제 콘퍼런스 (동아일보·새누리당 유라시아철도 추진위원회), 26~27쪽.

11 중동, 아프리카, 남아메리카와 한국, 중국, 일본 시장까지의 운송기간은 2주인 반면, ESPO를 활용한 러시아 코지노미에 신규 원유선적 터미널의 경우 운송기간은 5일로 단축된다(제빈·수슬리나, 2014: 82).

한러 양자협력과 다자협력을 조화시키는 방안도 모색되어야 할 것이다. 한국과 러시아는 6자회담에서 협력관계의 경험이 있으며, 아시아안보포럼(ARF)과 아태지역협의체 APEC에 참여하고 있다. 한러 양자관계를 확대해 다자무대에서 협력을 견인해 내는 선순환 구조를 형성할 필요가 있다. 남북러 협력뿐만 아니라 중국과 일본 등 역내 국가들과 사안에 특화된 다양한 조합의 다자주의를 창의적으로 모색할 필요가 있다. 예를 들어 환동해 경제권 구상을 실현하는 방안으로 러시아의 극동지역 개발에 대해 일본 및 관련국가와의 동반진출이 모색될 수 있을 것이다. 환동해권 발전은 그 동안 소외되어온 러시아 극동지역, 일본 서부지역, 그리고 한반도 동해안 지역의 동반성장을 견인할 수 있다는 점에서 긍정적이다.

한러 협력의 확대는 양국의 국가발전에 긍정적이라는 점에서 보다 장기적인 시야에서 접근될 필요가 있다. 정부차원을 넘어 양국 민간분야의 다양한 인적교류를 확대하고 사회문화교류를 통해 거리감을 줄이는 노력도 병행되어야 할 것이다. 주변국에 비해 한러간 사회문화적 친밀도는 미흡한 상황이라는 점을 주목해야 한다. 대러 공공외교를 확대하고, 한러간 1.5트랙의 협의구도를 확대할 필요가 있다.

러시아는 한반도 통일에 있어서 가장 적극적이고 실용적인 관점을 견지하고 있는 국가라고 할 수 있다. 한반도 통일로 인해 러시아의 숙원사업인 시베리아 극동 개발이 촉진될 수 있으며, 남북러 협력은 이를 구체화하는 계기로서의 의미를 지니고 있기 때문이다. 한국의 신북방정책과 러시아 신동방정책의 접점 모색은 양국관계 발전은 물론 한반도와 동북아, 그리고 러시아 극동 시베리아를 포함하는 동아시아 전체의 안정과 번영에 기여할 것이다. 러시아는 신한반도체제의 실용적 동반자가 될 수 있다는 점을 주목할 때이다.

■ 참고문헌

놀랜드, 마르쿠스. 2014. 『통일편익비용 분석과 남북한 경제통합방안』 세종: 대외경제정책연구원.

제빈, 알렉산더·스베틀라나 수슬리나. 2014. 『한반도 통일이 러시아에 미칠 편익비용 분석』. 대외경제정책연구원.

조한범. 2019. "신한반도체제의 개념과 추진방향." *KINU Online Series* CO 19-06.

IMEMO RAN. 2011. *Strategic Global Forecast 2030*. Moscow: IMEMO RAN.

제3부

남북 화해와 관계 발전을 위한 경제, 사회, 문화 교류

개성공단, 금강산 관광과 한반도 평화

박천조 | 개성공업지구지원재단 관리총괄부장

1. 상황 평가

2차 북미정상회담의 합의 결렬로 2018년 이후 조성되었던 한반도의 평화 대장정에 큰 장애가 발생했다. 북측의 타결의지에도 불구하고 미국은 타결을 회피하려는 모습을 보이고 있다. 이는 "북은 제재완화를 요구했지만 우리는 그러지 못했다… (북은) 상당히 많은 부분 비핵화 의지가 있었지만 우리가 완전히 제재를 완화할 준비는 안 돼 있었다."는 2019년 2월 28일 하노이 회담 결렬 이후 트럼프 대통령의 기자회견을 통해서도 알 수 있다.

미국 내에서만 보면 트럼프-네오콘 간 역관계(구조적 문제)와 상황변화(환경적 문제)로 북미간 대화 국면에서 교착상황이 발생하고 있다고 볼 수 있다. 이는 트럼프 실용주의 외교와 네오콘식 강경외교(상대의 굴복을 통한 패권확대)와의 접점이 형성된 것이라 할 수 있다. 즉 트럼프 입장에서는 굳이 북측과의 조기타결이 필요 없는 상황으로 '적당한 긴장 속 안정적 관리' 방식을 선호하고 있는 것이다.

한편 우리 정부의 수동적 상황 인식과 소극적 태도도 상황 악화의 한 원인을 제공하고 있다. 9.19 평양선언에서 합의되었던 남북교류협력사업의 대부분이 2차 북미회담 이후로 방치됨에 따라 동·서해선 철도·도로 연결 착공식 및 구간 점검과 같은 상징적 수준에서의 활동만 가능했다. 개성공단·금강산관광 우선 정상화와 같은 실질적 교류협력사업은 진전이 없었다. 결국 주도적 역할 축소와 함께 제재를 유지하면서 정상간 합의 정신을 훼손함으로써 북측의 불신을 초래했고 이는 미국 입장에서는 크게 아쉬울 것 없는 상황을 만들고 있다. 결국 우리 정부가 안보리제재와 한미동맹 (워킹그룹), 비핵화 프레임에 갇혀 능동적 평화정책을 펼치지 못하는 한계를 노정하고 있고 이러한 문제 해결을 위한 기조 변화가 필요한 시점이다.

4.12 한미정상회담을 계기로 4차 남북정상회담을 열고 그 동력으로 3차 북미정상회담에서 타결을 모색하고 있으나 현재와 같은 구도로서는 실패의 반복이 예상된다. 남북미 3자간 역학관계의 변화가 없다면 우리의 능동적 활동을 통한 현 정세의 타개 노력이 필요한 상황이라고 할 수 있다.

2. 정책기조 변화와 추진방향

1) 정책기조 변화

앞서 언급한 문제점 극복을 위해 변화해야 할 정책기조는 다음과 같다.

첫째, 정부역할 변화 측면에서 '중재자에서 당사자로'변화해야 한다. 북미 핵문제의 중재자에서 남북 평화문제의 당사자로서 자리매김해야 한다. 우리는 평화문제의 능동적 주체이자 당사자라는 인식이 필요하다.

둘째, 정책프레임 전환 측면에서 '비핵화프레임에서 평화프레임으로' 변화해야 한다. 한반도 문제의 궁극적인 목적은 평화이다. 핵심 정책영역을 비핵화에서 평화문제로 전환시켜야 한다. 북미간 교착된 핵문제는 장기과제로 시간을 두고 진행하되, 남북은 평화를 위한 교류협력사업에 집중해야 한다.

셋째, 정책중심축 변화 측면에서 '남북관계 중심으로' 한미관계를 푸는 방향으로 변화해야 한다. 한미관계를 중심축으로 북한 문제를 풀 것이 아니라 남북관계를 중심축으로 미국 문제를 풀어야 한다. 최소한 남북관계와 한미관계의 균형적 추진이 필요하다. 한미공조를 통한 제재의 틀에서 남북공조를 통한 화해의 틀로 전환이 필요하다.

그리고 이를 위한 추진 방향은 다음과 같다. 우선, 통일 정책 통일정책·남북협력 사업을 관념이 아닌 구체적 실천 활동으로 전개해야 한다. 그리고 한미관계 속 정부 역할 한계를 인지하고 시민사회의 역동적 교류협력사업으로 돌파해야 한다. 또한, 시민사회의 방북·인적교류 사업을 추진하고, 정부의 방북 승인하면서 역할을 분담해야 한다. 그리고 평화와 번영, 통일을 위한 남북합의 실천단을 운영한다. 마지막으로는 남북이 합의한 평화와 번영, 통일을 위한 구체적 선언들을 직접 실천하면서 남북관계의 여러 계기들을 적극적으로 활용해야 할 것이다.

3. 개성공단·금강산관광 재개 활동

1) 의미

첫째, 정상간 합의의 실천이다. 4.27 합의는 이미 채택된 남북 선언들과 모든 합의들을 철저히 이행함으로써 관계 개선과 발전의 전환적 국면을 열어나가기로 하였다. 그리고 "민족경제의 균형적 발전과 공동번영을 이룩하기 위하여 10.4선언에서 합의된 사업들을 적극 추진해 나가며"라고 하여 기존 합의사업의 적극추진을 강조하고 있다. 9.19 합의 또한 "남과 북은 조건이 마련되는 데 따라 개성공단과 금강산관광 사업을 우선 정상화하고, 서해경제공동특구 및 동해관광공동특구를 조성하는 문제를 협의"한다고 하여 개성공단 재개 등에 대해 합의한 바 있다.

둘째, 남북 관계개선의 진입로이다. 2019년 1월 1일 김정은 국무위원장은 신년사를 통해 "아무런 전제조건이나 대가 없이 개성공업지구와 금강산관광을 재개할 용의가 있습니다"라고 밝힌 바 있다. 2019년 3월 1일 문재인 대통령 또한 기념사를 통해 "우리 국민의 자유롭고 안전한 북한여행과 이산가족과 실향민들의 고향방문 추진"을 언급하며 여행과 관광 방식의 관계 개선 방안을 언급하였다. 2019년 5월 25일 북측 매체인 『우리민족끼리』는 "남조선 당국이 진실로 북남관계의 지속적인 발전과 평화, 번영을 바란다면 그 무슨 인도주의적 지원이나 협력교류와 같은 문제나 내들 것이 아니라 민족 앞에 확약한 북남선언들을 철저히 이행하려는 결심과 의지를 똑똑히 밝히고 선언들에 들어 있는 기본 문제부터 성실하게 이행해 나가야 한다"며 기업인 시설점검 방북 승인과 관련한 입장을 피력했다. 이러한 입장을 감안할 경우 북측은 남북 합의사항의 선결적 이행을 남북 관계개선의 시작으로 보고 있음을 알 수 있다.

2) 활동 방향

① 국제사회 설득

국제사회를 향한 핵심 메시지는 다음과 같이 구성해야 한다.

첫째, 개성공단 재개가 한반도 평화에 기여한다.

둘째, 비핵화의 목표가 한반도 평화이듯이 개성공단 재개도 평화를 견인하는 수단이다.

셋째, 한반도 평화를 견인하기 수단으로서의 개성공단의 의미를 인식해야 한다.

넷째, 개성공단의 평화, 경제, 안보, 통일 측면에서의 가치를 인식해야 한다.

다섯째, 개성공단이 그동안 안보리·독자 제재의 예외 대상으로 가동되었음을 기억해야 한다.

여섯째, 개성공단 임금의 대량살상무기 전용 주장에 대한 사실관계를 인식해야 한다.

일곱째, 북측 근로자의 노동효과에도 중요한 영향을 끼친다.

이를 위해 개성공업지구지원재단은 다음과 같은 활동을 전개하였다. 2019년 6월 10일~17일(6박8일) 미국을 방문하여 정계·재계·종교계 등 면담을 진행하였다. 구체적으로는 (1) 미연방하원 아태소위 설명회(브래드 셔먼(Brad Sherman) 위원장 주관) 참석, (2) 개성공단의 가치, (3) 개성공단 기업 입장, (4) 중소기업 입장을 설명하였으며 미국내 한반도 전문가 대상 설명회를 2회나 실시하였다.

② **대북협의 추진**

국제사회 설득 노력과 함께 대북협의를 추진해야 한다. 세부적인 협의사항은 다음과 같다.

첫째, 국제사회 우려를 불식할 수 있는 방안을 논의해야 한다. 개성공단의 '임금이 대량살상무기로 전용된다'라는 오해를 불식할 수 있는 방안을 설계해야 한다. 아울러 국제 기준에 부합하는 노무·세무·투자 등 제도 개선 방안을 마련해야 한다.

둘째, 개성공단 재개 방안을 논의해야 한다. 제재를 준수(벌크 캐쉬(bulk cash), 금융기관 활용 제한 등)하면서도 가동할 수 있는 방안을 논의해야 한다. 아울러 제재 완화 이후 개성공단이 본격 가동·정상화될 수 있는 방안을 마련해야 한다.

셋째, 개성공단 재개 이후 발전전략 방안을 논의해야 한다. 기존 업종 외에도 IT, 스타트업, 농식품산업, 의료 등 산업고도화 방안에 대한 논의가 필요하다.

4. 실천적 추진 가능 사업 : 제재와 무관하면서도 평화적 파급력 있는 사업

1) 우선 검토사업

① 이산가족 북측고향 여행방문 추진

기존 2박 3일 상봉 방식을 넘어 이산가족 상봉 역사상 최초로 남측 이산가족의 북측 고향방문 여행을 허용하는 국민적 평화이벤트를 만들어야 한다. 2박 3일 공식 상봉행사 이후 2~3주 고향방문 및 북측 가족들과 여행을 추진할 경우 사상 최초의 이산가족 북측 고향 여행이 될 수 있다. 이러한 내용의 언론보도는 국내외에 미치는 파급효과 또한 크다고 할 수 있다. 새로운 평화시대를 국민들이 피부로 느끼게 해야 한다. 이산가족 상봉은 인간 본성과 혈육의 정, 눈물, 북측 변화 등 70년 분단을 넘는 파급효과를 창출하고 있다. 그리고 인본·인권의 문제로서 반대 명분 또한 없다.

② 개성 1일 당일관광 추진(관광료 미지급, 개인차원 지급시 제재 무관)

개성 당일관광은 수도권 2,500만 시민들이 아침 9시에 출발하여, 개성에서 중식후, 저녁 6시에 다시 도착하는 일정으로 짧은 시간 동안 북측을 이해할 수 있는 계기가 될 수 있다. 개성(선죽교, 성균관), 송악산(왕건릉, 공민왕릉, 박연폭포) 등은 당일 관광권으로 별도의 준비가 크게 필요 없는 반면, 효과는 큰 사업이라 할 수 있다. 필요하다면 개성 당일관광을 개성이 고향인 이산가족부터 우선 실시할 수 있으며, 이 경우 고향방문 여행이라는 명분과 함께 범국민 평화여론 고양이 가능하다. 제재 상황을 언급하는 사람들이 있으나 2018년 중국인 북측 여행객 120만 명, 기타 외국인 약 10만 명 이상이 관광을 진행한 것을 보면 제재와는 무관해 보인다.

2) 후속 검토사업

① 금강산관광 단계적 추진(관광요금 현물 대체 또는 개인 관광화) 및 백두산·평양·원산 등 단계적 관광 자유화

금강산관광은 여러 한계(수도권에서 장거리라는 지역적 한계, 숙박 필요라는 시설적 한계)를 감안하여 단계적으로 추진할 필요가 있다. 북측이 2018년 외국인관광객 10만 명이 초과되는 등 관광객 증가로 1일 1,000명씩 제한하는 상황에서 외국인 대비 우리 스스로의 여행을 제한하고 있지 않는가라는 문제의식을 가져야 한다. 아무래도 남북관계 변화에 대한 최고의 홍보 효과를 가져올 수 있는 사업은 북측 관광이며, 북측을 한 번이라도 다녀와 본 사람은 통일문제에 상당한 인식 변화를 느낀다. 구체적으로 8.15 계기 평양, 백두산 방문이나, 9.19 한민족 서울-평양 통일대축전 동시 개최 등을 생각해 볼 수 있다.

② 시민사회 차원 개성공단 재개 범국민운동

범국민운동 여론을 바탕으로 개성공단에 대한 제재 예외 인정을 추진해야 한다. 이 결과물을 토대로 유엔안보리 제재위원회 대상 개성공단 재개 국민청원도 가능할 것이다.

③ 학술·교육·문화·체육·예술 교류협력단

평화적 남북관계 진전의 최대 장애는 우리 사회의 북측에 대한 무지·북맹으로서 북측에 대한 무지와 인식의 한계·오류가 힘 있는 대북 정책 추진의 제약요인이 되고 있다. 학자(사회, 심리, 인류학 등), 교육, 예술, 다큐작가, 감독 등 각계각층 다양한 분야에서의 방문연구를 통해 인식의 전환을 가져올 수 있다. 구체적으로 1~2년 상호 방문연구, 평양-서울 각 100명씩 통일평화연구실천단을 만들어 운영하는 등 다양한 아이디어가 필요하다.

④ 기본일상사업 : 통일교육 혁신적 강화

통일교육은 평화의 근본토대로 기본·일상사업으로 지속 실시되어야 한다. 현재의 모습은 통일교육이 없으며 분단교육만을 실시하는 상황이다. 통일 인식 제고와 강화를 위해 범국민 통일교육을 진행해야 하며 남남갈등의 원인이 북측과 통일에 대한 무지, 즉 북맹이 원인임을 인식해야 한다. 우선적으로 학교, 공무원, 공공기관 대상 범국민 인식 제고 사업도 필요하다. 통일교육의 내용은 국가 공식통일방안인 〈민족공동체통일방안〉과 6.15선언 2항, 분단의 모습(비정상성, 분단의 폐해, 분단문화)에 대한 기본교육, 상호존중의 정신과 북한에 대한 이해 등을 들 수 있다. 필요시 대통령 구두지시(국가 공식통일방안 및 남북합의 내용 기본교육 실시)를 교육부와 통일부가 수명하는 방식도 고민해 볼 수 있다.

〈별첨 1〉

〈개성 관광(당일)의 제재 적용 여부 검토〉

■ **관련 규정**

- 유엔 안보리 결의 제2397호(2017.12월) : 운송수단의 북측에 대한 직간접적 공급·판매·이전 금지
- 미 대북제재 규칙 '지리적 여행 규제'(2017.7월) : 미국민의 북측 여행 금지

■ **판 단**

- 안보리와 미국의 제재는 인적교류와 북측 여행을 제한·금지하지 않음
- 중국은 자국 운송수단으로 북측 여행중, 관광 위한 차량 이동에 대해 소관기관(유엔 1718 제재위)의 명확한 해석 부재, 미상무부 EAR의 일반금지 물품에도 '일시적 반출입(TMP)'에 대해서는 예외로 규정
- 제재예외거래(여행) : 우편과 통신, 정보의 수출입, 개인용 용품 및 용역의 구입 등 여행과 관련해 통상 일어나는 거래는 대북제재 예외로 규정.
- 다만 관광 지속을 위해서는 달러 대량현금 유입 문제 해소 필요(현물화 등)

〈개성공단의 주요 경쟁력〉

■ **개성공단 비교우위**

- 양질의 저임금노동력(월 임금 6만 3,000원~15만원/2004~20015년 기준)
- 임금인상율(연 5% 상한선) 노무·세무·측면에서 압도적 비교우위
- 무관세, 서울 60Km 짧은 물류거리
- 동일언어 동일문화
- 저렴한 땅값(공장부지 평당 149,000원-토지공사 분양가격)
- 노동쟁의 사실상 부재

* 북측 제공 토지가격 1제곱미터 당 1달러

■ **기업생존율**

- 국내기업 5년 평균생존율 27%, 유럽(영·독·프·이·스) 42%, 개성공단 100%

■ **입주기업 평가**

- **기업들은 왜 거의 100% 개성공단에 들어가려고 하는가? 압도적 비교우위**

: "개성공단 대체 공단은 전 세계 어디에도 없다."

: "개성공단에서 돈을 못 벌면 기업이 아니다"

〈개성공단 퍼주기? 퍼오기? / 기업의 부(富) 이전〉

■ **자국 기업의 제조공간 확보 노력은 '퍼주기'가 아닌'투자'**

- 개성공단을 조성하여 우리 제조기업을 이전시키기 위한 정부의 노력은 '퍼주기'가 아닌 '투자'
- 예를들어 일본은 자국 제조기업을 이전시키기 위해 미얀마에 '틸라와공단'을 조성하였으며 자국 산업을 활성화 하기 위한 이러한 노력들은 정부의 당연한 의무

■ **개성공단 중단으로 국내에 창출된 기업의 부(富)가 국외로 이전**

- 개성공단 입주로 남쪽에 지원인력 고용, 원부자재 기업 창출 등의 후방효과 발생
- 개성공단 중단 이후 제조기업들이 베트남 등 동남아로 이전함에 따라 국내에 창출되었던 기업의 부(노동력 포함)가 국외로 이전

〈별첨 2〉

〈한반도의 평화와 번영, 통일을 위한 판문점 선언(4.27)〉

양 정상은

한반도에…새로운 평화의 시대가 열리었음을 8천만 겨레와 전 세계에 엄숙히 천명하였다.

양 정상은…

분단과 대결을 하루 빨리 종식시키고 민족적 화해와 평화번영의 새로운 시대를 과감하게 열어나가며 남북관계를 보다 적극적으로 개선하고 발전시켜 나가야 한다는 확고한 의지를 담아 역사의 땅 판문점에서 다음과 같이 선언하였다.

1. 남과 북은 남북 관계의 전면적이며 획기적인 개선과 발전을 이룩함으로써 끊어진 민족의 혈맥을 잇고 공동번영과 자주통일의 미래를 앞당겨 나갈 것이다.

남북관계를 개선하고 발전시키는 것은 온 겨레의 한결같은 소망이며 더 이상 미룰 수 없는 시대의 절박한 요구이다.

① 남과 북은 우리 민족의 운명은 우리 스스로 결정한다는 민족 자주의 원칙을 확인하였으며 이미 채택된 남북 선언들과 모든 합의들을 철저히 이행함으로써 관계 개선과 발전의 전환적 국면을 열어나가기로 하였다.

② 남과 북은 고위급 회담을 비롯한 각 분야의 대화와 협상을 빠른 시일 안에 개최하여 정상회담에서 합의된 문제들을 실천하기 위한 적극적인 대책을 세워나가기로 하였다.

③ 남과 북은 당국 간 협의를 긴밀히 하고 민간교류와 협력을 원만히 보장하기 위하여 쌍방 당국자가 상주하는 남북공동연락사무소를 개성지역에 설치하기로 하였다.

④ 남과 북은 민족적 화해와 단합의 분위기를 고조시켜 나가기 위하여 각계각층의

다방면적인 협력과 교류 왕래와 접촉을 활성화하기로 하였다.

안으로는 6.15를 비롯하여 남과 북에 다 같이 의의가 있는 날들을 계기로 당국과 국회, 정당, 지방자치단체, 민간단체 등 각계각층이 참가하는 민족공동행사를 적극 추진하여 화해와 협력의 분위기를 고조시키며,

⑤ 남과 북은... 이산가족·친척상봉을 비롯한 제반 문제들을 협의 해결해 나가기로 하였다.

⑥ 남과 북은 민족경제의 균형적 발전과 공동번영을 이룩하기 위하여 10.4선언에서 합의된 사업들을 적극 추진해 나가며 ... 동해선 및 경의선 철도와 도로들을 연결하고 현대화

2. ... 첨예한 군사적 긴장상태 완화 전쟁위험 실질적 해소 공동 노력
③ 남과 북은 상호협력과 교류, 왕래와 접촉이 활성화 되는 데 따른 여러 가지 군사적 보장대책을 취하기로 하였다.

3. 남과 북은 한반도의 항구적이며 공고한 평화체제 구축을 위하여 적극 협력
정전상태 종식, 확고한 평화체제 수립하는 것은 더 이상 미룰 수 없는 역사적 과제
① ... 불가침 합의 재확인　② ... 단계적 군축 실현
③ ... 올해에 종전선언하고 정전협정을 평화협정으로 전환하며 항구적이고 공고한 평화체제 구축을 위한 남·북·미 3자 또는 남·북·미·중 4자회담 개최 적극 추진해 나가기로 하였다.

〈별첨 3〉

〈9월 평양공동선언(9.19)〉

양 정상은 민족자주와 민족자결의 원칙을 재확인하고, 남북관계를 민족적 화해와 협력, 확고한 평화와 공동번영을 위해 일관되고 지속적으로 발전시켜 나가기로 하였으며, 현재의 남북관계 발전을 통일로 이어갈 것을 바라는 온 겨레의 지향과 여망을 정책적으로 실현하기 위하여 노력해 나가기로 하였다.

1. 남과 북은... 한반도 전 지역에서의 실질적인 전쟁위험 제거와 근본적인 적대관계 해소

① 한반도를 항구적인 평화지대로 만들기 위한 실천적 조치들을 적극 취해나가기로

2. 남과 북은 상호호혜와 공리공영의 바탕위에서 교류와 협력을 더욱 증대시키고, **민족경제를 균형적으로 발전시키기 위한 실질적인 대책들을 강구**해나가기로 하였다.

② 남과 북은 조건이 마련되는 데 따라 **개성공단과 금강산관광 사업을 우선 정상화하고, 서해경제공동특구 및 동해관광공동특구를 조성하는 문제를 협의**해나가기로 하였다.

3. 남과 북은 이산가족 문제를 근본적으로 해결하기 위한 인도적 협력을 더욱 강화

4. 화해와 단합의 분위기 고조, 우리 민족의 기개 내외에 과시하기 위해 다양한 분야의 협력과 교류를 적극 추진하기로 하였다.

① 남과 북은 문화 및 예술분야의 교류를 더욱 증진

〈능라도 5.1경기장 문재인 대통령 연설문(9.19)〉

나는… 북측이 민족의 화해와 평화를 얼마나 갈망하고 있는지 절실하게 확인하였습니다.
우리민족은 우수합니다. 강인합니다. 평화를 사랑합니다. 그리고 우리민족은 함께 살아야 합니다. 우리는 5000년을 함께 살고 70년을 헤어져 살았습니다.
김정은 위원장과 나는, 북과 남 8000만 겨레의 손을 굳게 잡고 새로운 조국을 만들어나갈 것입니다. 우리 함께 새로운 미래로 나아갑시다.

〈문재인 대통령 3.1 100주년 기념사〉

우리 국민의 자유롭고 안전한 북한여행과 이산가족과 실향민들의 고향방문 추진

남북 이산가족 상봉과 사회문화교류

김은주 | 한국여성정치연구소 소장

1. 서론

2000년 6월 13일, 한반도가 분단된 이후 50여년 만에 김대중 대통령과 김정일 국방위원장이 처음으로 평양에서 만났다. 남북한의 두 정상은 통일문제의 자주적 해결과 인도적 문제 및 사회문화 등 교류협력의 활성화를 골자로 하는 '6.15 남북공동선언'을 발표했다. 6.15남북공동선언으로 냉전적 대결 속에서 단절되었던 남북교류협력은 새로운 전환점을 맞이하게 되었고 이후 이산가족 상봉, 사회, 문화, 체육, 환경, 보건 등 다양한 분야에서의 남북교류협력이 본격적으로 추진되었다. 이어 햇볕정책을 계승한 노무현 정부의 출범으로 남북교류협력은 더욱 활성화되어 한반도 평화정착과 남북 간의 신뢰형성을 선도적으로 이끌었다. 그러나 이명박 정부와 박근혜 정부를 거치면서 남북관계는 다시 경색되었고 남북 간 교류협력은 사실상 중단되었다.

그러나 2018년 평창올림픽을 계기로 남북관계는 새로운 전환점을 맞고 있다. 문재인 대통령과 김정은 국무위원장이 2018년 4월 27일에 채택한 ‘한반도의 평화와 번영, 통일을 위한 판문점 선언’에서 각계각층의 다방면적인 협력과 교류, 왕래와 접촉을 활성화하고, 이를 위한 개성지역의 남북공동연락사무소설치를 합의하였다(제1조 제3항과 제4항). 또한 두 정상이 2018년 9월 19일에 합의한 ‘평양공동선언’에서 이산가족 문제 해결을 위한 적극적인 인도적 협력과 체육, 문화예술을 비롯한 다양한 분야의 사회문화교류협력을 적극 추진할 것을 재확인하였다(제3조, 제4조).

지난 2월 북미 간 비핵화 협상이 결렬되면서, 남북 간 교류협력의 재개는 큰 진전을 보이지 못하고 있다. 하지만 이산가족 상봉 등 인도적 사안을 포함하여 문화, 예술, 체육, 학술 등 사회문화교류협력은 대북제재의 틀을 벗어나지 않고 남북 간 교류를 추진할 수 있다는 점에서 그리고 유엔제재위원회의 예외인정을 받기가 용이하다는 점에서 그 실현가능성이 높게 점쳐지고 있다. 이러한 가능성에 기대어 남북 간 사회문화교류협력을 통해 답보상태에 빠져있는 남북관계의 물꼬를 열어보고자 하는 국민적 기대 또한 높다. ‘남북교류협력에관한법률’에 의하면 사회문화협력 사업은 교육/학술, 문화/예술, 종교, 보건, 체육, 출판/보도 등의 분야에서 남한과 북한의 주민이 공동으로 행하는 비영리적 활동을 의미하는 것으로 그 범위가 매우 넓다. 따라서 이 글에서는 이산가족 문제와 문화예술/체육/학술 등의 교류협력, 남북여성교류활동을 중심으로 현황을 살펴보고 과제를 제시해보고자 한다.

2. 남북 이산가족 상봉의 현황과 과제

1) 남북 이산가족 상봉 현황

이산가족 상봉은 인도적 사안으로 정치적 상황과 무관하게 추진되어야 함에도 불구하고 안타깝게도 그렇지 못하였다. 1985년부터 2018년 12월 현재까지 총 21회의 당국 차원의 대면 및 화상상봉이 이루어졌고 총 24,509명(화상상봉 3,748명 포함)의 이산가족이 상봉했다. 1985년 광복 40주년을 계기로 이산가족 상봉이 처음으로 이루어졌지만[1] 이후 15년 동안 단절되었다. 그러다 2000년 '6.15 남북공동선언'에서 이산가족문제 등 인도적 문제의 조속한 해결을 합의하면서, 이산가족방문단교환, 생사·주소확인, 서신교환 등이 본격적으로 이루어졌다. 당국 간 이산가족 상봉행사 개최현황을 보면, 총 21차례의 대면상봉 중 16회, 3분의 2이상이 김대중-노무현 정부 하에서 진행되었고, 2008년, 2011년, 2012년, 2013년, 2016년, 2017년 등 6년 동안은 한 차례도 열리지 않았다. 2005년에는 분단 이후 처음으로 서울과 평양, 그리고 평양과 인천, 수원, 대전, 대구, 광주, 부산 등 남쪽 주요 도시를 서로 연결한 화상상봉이 이루어졌다. 2007년까지 총 7회의 화상상봉이 이루어졌다. 그러나 2008년 이명박 정부가 들어선 이후 남북관계의 경색으로 이산가족 상봉도 2009년과 2010년에 대면상봉이 한 차례만 열렸고 이후 북한의 연평도 포격사건으로 중단되었다. 이렇게 중단된 이산가족 상봉은 3년 5개월 만에 박근혜 정부에서 2014년과 2015년에 한 차례씩 개최되었다. 이후 문재인 정부에 들어와 '4·27 판문점선언'에서 남북 두 정상은 이산가족 상봉에 합의하였고, 이에 따라 2년 10개월 만인 2018년 8월 20일부터 26일까지 금강산에서 제21차 남북 이산가족 상봉 행사가 진행됐다.

---

1 1985년 9월 20일 오전 9시 30분, 남과 북은 '남북한 이산가족 고향방문단과 예술공연단'이라는 이름으로 3박 4일간의 일정으로 서울과 평양을 방문하였다. 생사확인이 제대로 이루어지지 않아 각각 방문단 50명 중 남측은 35명, 북측은 30명만이 가족을 만날 수 있었다.

〈표 1〉 연도별 남북한 당국간 대면상봉행사 개최현황

년도	'00	'01	'02	'03	'04	'05	'06	'07	'08	'09	'10	'11	'12	'13	'14	'15	'16	'17	'18	합계
회수	2	1	2	3	2	2	2	2	0	1	1	0	0	0	1	1	0	0	1	21

자료: 통일부 이산가족정보통합시스템

2000년 이후 21차례에 걸친 당국 차원의 대면 및 화상 상봉에 참여한 이산가족은 총 24,443명이었다. 2000년 6.15 남북공동선언 이후 활발하게 추진되었던 이산가족 상봉은 2008년 이명박 정부 출범을 기점으로 당국과 민간차원 모두에서 큰 폭으로 감소하였다. 당국차원의 이산가족 상봉의 경우 2000년부터 2007년까지 상봉한 가족이 전체 상봉가족의 82%를 차지하였다. 민간차원의 상봉도 1990년부터 꾸준히 증가하였으나 2004년을 기점으로 감소하기 시작하여 2018년에는 1명에 그쳤다. 당국차원의 이산가족 상봉의 감소는 남북관계의 경색이 크게 작용한 반면 민간차원의 대면상봉은 북한당국의 감시 강화에서 비롯된 것으로 보인다.

〈그림 1〉 당국(대면+화상)과 민간차원(대면)의 이산가족 상봉 추이비교(2000~2018)

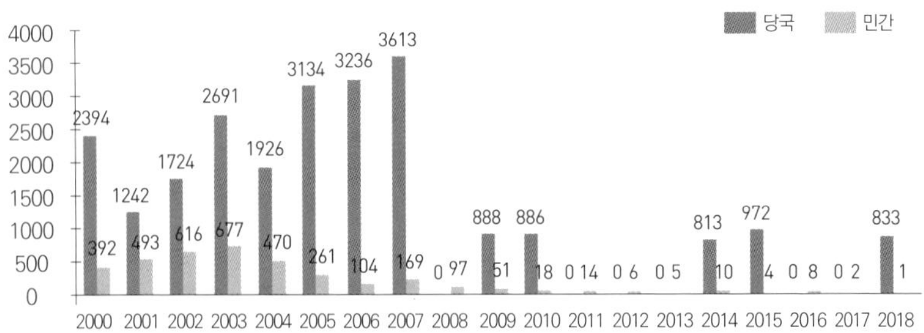

자료: 통일부 이산가족정보통합시스템

이산가족의 교류유형별로 보면, 당국차원은 생사확인과 대면 및 화상상봉이 주를 이룬 반면 민간차원은 서신교환의 형태가 주를 이루었다. 당국차원에서는 생사확인의 건수가 60%, 대면 및 화상상봉은 35%이었고, 민간차원에서는 서신교환이 66%로 3분의 2를 차지하였다. 다음은 생사확인으로 21%이었다. 규모에 있어서는 당국차원의 이산가족교류가 상봉은 3배 이상, 생사확인은 4배 정도가 더 컸다.

〈표 2〉 교류유형별 당국 및 민간 차원의 이산가족 상봉 현황(2000~2018)

	당국		민간	
	건수	인원	건수	인원
상봉	4,847(35.3)	24,352(28.8)	1,292(13.2)	3,397
서신교환	679(5.0)	679(0.8)	6,465(66.1)	
생사확인	8,197(59.7)	59,406(70.4)	2,021(20.7)	
합계	13,723(100.0)	84,437(100.0)	9,778(100.0)	

자료: 통일부 이산가족정보통합시스템

2) 남북 이산가족 상봉의 시급성: 고령화와 사망자 급증

2018년 12월 31일 현재 통일부의 '이산가족정보통합센터'에 등록된 상봉 신청자는 133,208명으로 이중 77,221명(58%)이 사망하였고 55,987명인 42%가 생존해있는 것으로 나타났다. 연령상으론 70대 23.9%, 80대 43.5%, 90대 22.1%로 80대 이상의 고연령층이 65.6%를 차지하였다.

〈표 3〉 연령별 이산가족신청인의 생존자 및 사망자 현황(1988~2018)

	구분	90세 이상	89-90세	79-70세	69-60세	59세 이하	합계
전 체	인원(명)	29,489	57,942	31,771	9,121	4,885	133,208
	비율(%)	22.1	43.5	23.9	6.8	3.7	100
생존자	인원(명)	11,533	23,013	12,850	4,655	3,936	55,987
	비율(%)	20.6	41.1	23.0	8.3	7.0	100.0
사망자	인원(명)	17,956	34,929	18,921	4,466	949	77,221
	비율(%)	23.3	45.2	24.5	5.8	1.2	100.0

자료: 통일부 이산가족정보통합시스템

〈그림 2〉 이산가족 신청 생존자의 고령화 추이비교(2008년과 2018년)

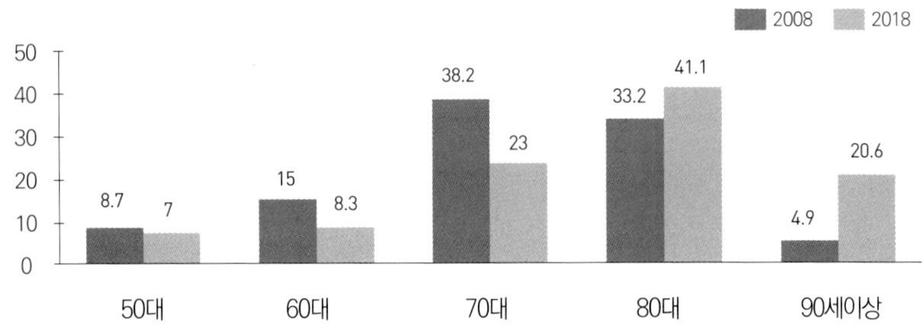

자료: 통일부 이산가족정보통합시스템

2008년과 2018년의 이산가족 상봉 신청 생존자와 비교해 보면, 70대 이하는 줄어든 반면, 80대는 33.2%에서 41.1%로 증가하였고 특히 90세 이상은 4.9%에서 20.6%로 이산가족신청자들의 고령화가 급속히 진행되고 있음을 알 수 있다.

〈표 4〉 연도별 이산가족 사망률 및 상봉률 추이비교(2008~2018)[2]

연도	사망자 (누계)(A)	생존자 (누계)	합계(B)	연간 사망자	사망률 (누계)	상봉자(당국+민간)		상봉률 (누계)
						연간	누계(C)	
2008	38,926	88,417	127,343	5,626	30.6	97	23,415	18.4
2009	42,123	85,905	128,028	3,197	32.9	939	24,354	19.0
2010	43,990	84,133	128,123	1,867	34.3	904	25,258	19.7
2011	49,776	78,892	128,668	5,786	38.7	14	25,272	19.6
2012	53,943	74,836	128,779	4,167	41.9	6	25,278	19.6
2013	57,784	71,480	129,264	3,841	44.7	5	25,283	19.6
2014	61,352	68,264	129,616	3,568	47.3	823	26,106	20.1
2015	65,134	65,674	130,808	3,782	49.8	976	27,082	20.7
2016	68,512	62,631	131,143	3,378	52.2	8	27,090	20.7
2017	72,307	59,037	131,344	3,795	55.1	2	27,092	20.6
2018	77,221	55,987	133,208	4,914	58.0	834	27,926	21.0

자료: 통일부 이산가족정보통합시스템을 이용 재계산

주: 1) 상봉자수는 당국차원(화상상봉포함)과 민간차원의 상봉자수를 합한 수치

2) 사망률(누계) = 연도별 사망자 누계(A) ÷ 합계(B) × 100

3) 상봉률(누계) = 연도별 상봉자 누계(C) ÷ 합계(B) × 100

뿐만 아니라 2008년부터 2018년까지 이산가족의 사망률과 상봉률 간의 격차를 살펴보면, 상봉기회를 갖지 못하고 사망하는 연간 이산가족이 평균 3,500명에 달하였다. 2008년~2018년까지 사망률은 평균 2.5%로 연간 3,900명이 사망하였고 현재까지의 누적 사망률은 58%에 달하였다.

2 2008년부터 2013년까지의 사망률과 생존율은 이용화·홍순직(2014)에서 재인용하였음.

반면 상봉률은 평균 0.2%로 매우 낮아 연간 상봉자는 평균 410명에 그쳐, 현재까지의 누적 상봉률은 2.6%에 불과하였다. 2008년 이후 남북관계의 경색으로 당국 간의 이산가족 상봉이 2009년, 2010년, 2014년, 2015년, 2018년에만 진행되었기 때문이다. 지난 11년 동안 이산가족의 사망률은 27.4% 증가한데 반해 상봉률은 2.6% 증가하는 데에서 그쳤다. 2018년 현재 생존자를 기준으로 평균 연간사망률을 적용해보면 향후 15년 이내에 거의 사망하게 될 것으로 예상된다.

3) 남북 이산가족 상봉확대를 위한 정책방향

이산가족은 민족분단으로 생긴 인도적 문제로서 그 어느 것보다도 보다 빠르게 해결되어야 한다. 특히 이산가족의 고령화와 사망자의 증가는 사안의 심각성을 배가시키고 있다. 현재의 이산가족의 고령화 및 사망자의 증가 속도를 고려한다면 한 두 차례의 상봉행사만으로는 이산가족 문제를 해결하기가 어렵다. 2034년 이내에 현재의 생존자들이 한 번이라도 이산가족을 상봉할 수 있도록 보다 빠른 조치들이 수반되어야 한다. 이미 남북의 두 정상은 작년 8월, 2년 10개월 만에 21차 이산가족 상봉을 추진한 이후 채택한 '9.19평양선언'에서 이산가족 상봉을 위한 구체적인 방안에 합의하였기 때문에 조속한 이행만이 남아있을 뿐이다.

첫째, 금강산 이산가족면회소를 상시적으로 운영하여 상시적인 생사확인과 더불어 중·소규모의 대면상봉도 추진해야 한다. 이산가족신청자의 연령대를 고려하여, 80대 이상의 고연령층을 위해서는 대규모의 상봉행사를 추진하고 70대의 경우에는 매월 정기적인 상봉행사를 실시해야 한다. 둘째, 2003년과 2007년에 각각 중단된 서신교환과 화상상봉을 재개해야 한다. 화상상봉이 중단된 지 10년이 넘었기 때문에 남측의 화상상봉장만이 아니라 북측의 화상상봉장에 대한 개보수 지원을 추진해야 한다. 셋째 영상편지 제작 사업의 확대와 교환추진이 필요하다. 남측의 이산가족들의 생전을 모습을 담아 북측의 가족들에게 전달하기 위한 사업으로 2005년부터 제작된 영상편지는 21,000여 편에 달하지만 북측에 전달된 것은 20편에 불과하다. 따라서 35,000명에 달하는 80대 이상의 고령의 이산가족들을 위한 영상편지 제작 지원과 전달 및 교환을 위한 노력이 필요하다.

3. 남북사회문화교류의 현황과 과제

1) 남북회담개최 현황

남북회담을 시작한 1971년부터 2018년 6월까지 개최된 남북회담 현황을 분야별로 보면, 정치분야 회담 261건, 인도분야 회담 155건, 경제분야 회담 136건, 사회문화/남북행사분야 회담 65건 순으로 나타나고 있다. 전체 회담 건수 가운데 사회문화/남북행사(6.15/8.15공동행사)분야 회담이 차지하는 비율이 9.7%에 불과하였다.

〈표 5〉 역대 남북회담 현황(1971-2018) (단위:건/%)

분야	정치	군사	경제	인도	사회문화	남북행사	합계
횟수	261	53	136	155	62	3	670
비율	39.0	7.9	20.3	23.1	9.3	0.4	100

출처: 남북회담본부, "남북회담관련통계자료" 이용 재구성[3]

〈그림 2〉 연도별 역대 사회문화/남북행사분야 남북회담 현황(1979-2017) (단위:건)

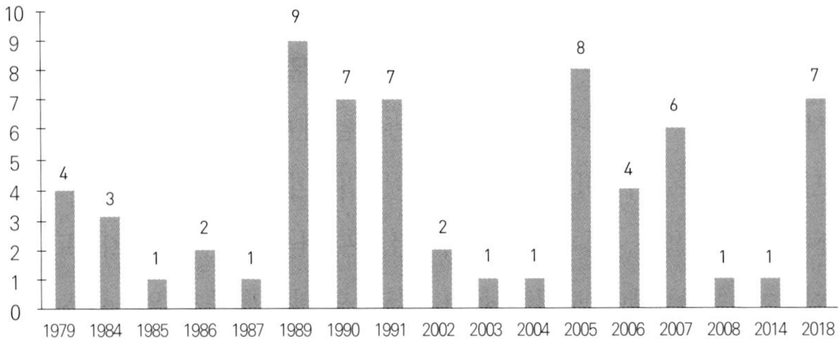

출처: 남북회담본부, "남북회담관련통계자료"[4]

사회문화분야의 남북회담은 1979년에 평양세계탁구선수권대회에서의 남북단일팀 구성을 위한 논의가 처음 개최되었다. 1980년대 16건, 1990년대 14건, 2000년대 26건의 사회문화/남북행사를 위한 남북회담이 개최되었다. 1989년과 1990년에는 1990년 북경아시아경기 단일팀 구성관련 회담이 많았고 2005년에는 안중근 의사 유해 발굴 회담과 남북

3 https://dialogue.unikorea.go.kr/ukd/b/be/be1/usrCmsStat/List.do?tab=1 (검색일: 2019년 6월 3일)

4 위와 동일한 사이트.

체육교류 및 신종플루 관련 회담이 있었다. 2007년에는 체육관련 회담보다는 구제역, 산리병충, 기후협력, 안중근 의사 유해 발굴, 북경올림픽 공동의원단 경의선 이용 관련 회담 등이 주를 이루었다. 2018년의 남북회담은 평창동계올림픽 관련 체육 및 공연단 파견에 관한 내용들이었다.

전체 65건의 사회문화분야 회담 중 51회인 78%가 남북단일팀 결성 등 체육행사관련 회담이 차지하였다. 즉 예술, 문화, 학술 등 문화예술관련 회담은 총 14회로 비중이 매우 낮았다. 구체적으로 예술단 관련 회담 3회, 남북공동행사 3건, 안중근 유해 발굴 회담 4회, 기상 및 방역 방충관련 회담 4회이었다. 기상 및 방역방충관련 회담을 제외하면 문화예술분야에 해당되는 관련회담을 총 10건에 불과하였다. 지금까지의 사회문화 교류협력을 위한 남북회담에서 문화예술분야가 차지하는 비중은 낮았고 주로 체육을 중심으로 이루어져 왔음을 알 수 있다.

2) 남북사회문화교류와 남북협력기금

〈표 6〉은 사회문화분야 중 체육, 문화예술, 학술 등 3개 분야에서의 역대 남북교류현황을 정리한 것이다. 체육교류가 34.8%, 문화예술이 40.9%, 학술이 24.2%로 문화예술분야에서의 교류가 가장 많았다. 체육교류의 경우 1990년 서울과 평양에서 개최되었던 남북통일축구대회를 시작으로 2018년 5월 스웨덴 할름스타드 세계탁구선수권대회 단일팀까지 총 69건의 체육교류가 성사되었다. 시기별로 보면 1990년대에는 7건이 불과하였고 2000년에서 2010년까지 45건, 2010년 이후 17건이 이루어졌다. 노태우 정부 4건, 김영삼 정부 0건, 김대중 정부 14건, 노무현 정부 24건, 이명박 정부 14건, 박근혜 정부 9건, 문재인 정부 4건 등으로 노

무현 정부에서의 체육교류가 가장 많았다. 교류유형을 보면, 올림픽, 아시안게임 등 국제스포츠대회에서의 남북단일팀 구성, 공동입장, 남북한 경기 등 69건 중 36건이었고 친선교류는 33건이었다. 남북한의 친선교류는 1990년 서울과 평양에서 개최된 통일축구대회를 시작으로 해서 3차례 개최되었고, 남북노동자축구대회는 민간주도의 첫 남북스포츠교류행사로서 1999년 평양에서 1차, 2007년 제2차 창원, 2015년 제3차 평양에서 개최되었다.

문화예술의 경우, 1985년 9월 서울과 평양에서 각각 한 차례씩 예술단 공연이 이루어진 이후 2018년 9월 현재까지 총 81차례에 걸쳐 예술분야의 교류가 이루어졌다. 음악공연관련 교류가 47회로 23.7%, 남북예술공연단의 교환방문의 형태로 올림픽이나 이산가족 상봉의 부대행사나, 추석, 8.15광복절, 6.15 남북공동선언과 관련된 기념공연이 많았다. 미술이나 사진 등의 전시분야의 교류는 21회로 10.6%이었고, 남북작가의 작품을 전시하는 형태로 진행되었다.

〈표 6〉 역대 문화예술, 체육, 학술분야 남북교류 현황 (단위:건/%)

구분	체육			문화예술				학술			전체
	국제대회	친선교류	합계	공연	미술/사진전시	방송	합계	고고학	문학/사전	합계	
횟수	36	33	69	47	21	13	81	34	14	48	198
비율	18.2	16.7	34.8	23.7	10.6	6.6	40.9	17.2	7.1	24.2	100

출처: 이규창 외(2018: 105~112, 297~321)

주: 체육은 1990년에서 2018년 5월말, 문화예술은 1985년부터 2018년 9월말, 고고학 관련 교류는 1991년에서 2015년 12월 말, 문학/사전은 1991년에서 2017년말까지의 자료.

남북방송교류는 13회인 6.6%로 북한제작 영화나 드라마를 방송하거나 장편애니메이션을 합작하여 방영하였고, 현지 취재 보도하거나 다큐멘터리를 제작 방영하기도 하였다. 전체 81건 중 1997년 전까지는 11건, 1998년부터 2007년까지 총 52건, 이명박 박근혜 정부 동안에는 11건, 문재인 정부 들어 7건이었다. 특히 2008년부터 2016년까지 남북관계가 냉각되어 있던 시기에도 5차례에 걸친 '남북KOREA 여성·오늘'전과 남북코리아미술대전을 포함하여 그림전시가 있었다는 것은 현재의 상황에 시사하는 바가 적지 않다.

학술분야의 경우, 역사고고학관련 남북교류는 총 34회가 있었다. 1991년 고구려유적 공동답사를 시작으로 하여 1990년대에는 총 6회의 교류가 이루어졌고 주로 중국, 일본, 러시아 등 제3국을 통한 국제학술세미나에 남북이 공동으로 참여하는 방식으로 진행되었다. 2000년 6.15 공동선언 이후에는 남북학자들의 직접적인 학술교류가 활발하게 진행되었다. 북한지역 내 개성만월대 및 영통사 등과 같이 고고학 지역의 공동발굴조사와 사찰 및 한옥 등 문화재의 공동복원공사, 문화재 기술전수가 주를 이루었고 발굴품 공동전시회도 개최하였다. 문학 및 사전편찬관련 남북교류는 총 13회가 추진되었다. 1991년 남북언어비교공동연구를 시작으로 해서 남북언어의 동질성회복 및 표준화를 위한 학술모임들이 개최되었고 이는 겨레말큰사전 편찬사업으로 이어졌다. 2006년 전담기구인 '겨레말큰사전 남북공동편찬사업회'가 출범하였다. 남북공동문학잡지인 통일문학도 발간하였다. 학술분야에서는 문인 및 작가들의 다양한 문학교류보다는 고고학 관련 협력사업들이 더 많았다.

지난 20여 년간의 문화예술, 체육 및 학술 분야에서의 남북교류 현황을 보면, 음악공연과 체육중심의 교류가 많았고 기타의 미술이나 사진전시,

방송, 문학/사전 등의 분야에서의 교류는 적었음을 알 수 있다. 앞으로의 남북사회문화교류협력에 있어 다양화와 다변화가 요청되는 부분이다.

〈표 7〉 남북협력기금 총 사용실적(1991-2017년) (단위:억 원/%)

구분	주민 왕래	문화 예술 체육 협력	이산 가족	인도적 지원 (무상)	인도적 지원 (유상)	남북경 제협력 (무상)	남북경 제협력 (유상)	경수로 대출	공자기금 원리금 상환	기금 관리 비	합계
금액	406	596	990	16,407	7,842	18,420	9,049	13,744	70,341	394	138,188
비율	0.3	0.4	0.7	11.9	5.7	13.3	6.5	9.9	50.9	0.3	100.0

출처: 통일부 (2018: 274)

주: 인도적 지원(유상)은 2008년부터 중단/경수로 대출 2007년부터 중단

공자지금원리금상환은 북한 신포에 추진했던 경수로공사에 투입된 공적자금과 이자상환액

1991년부터 2017년까지 소요된 남북협력기금은 총 138,188억 원이다. 이중 문화예술체육협력분야에 사용된 기금은 596억 원으로 전체의 0.4%에 불과한 것으로 나타났다. 문화예술체육분야에서의 남북교류협력은 남북관계발전을 위한 무형의 자원인 상호이해 증진 및 신뢰 구축에 기여하는 바가 매우 크다는 점을 고려한다면, 동 분야에 대한 보다 과감한 재정적 지원이 필요하다.

3) 남북사회문화교류 확대를 위한 정책방향

2000년 6.15남북공동선언 이후 본격적으로 추진된 남북 사회문화 교류협력의 20여년의 시간은 현실과 이상의 차이를 확인하는 시간이었다.

사회문화는 사회적 갈등비용이 정치나 경제, 군사 분야에 비해 적은 분야임에도 불구하고, 정치적 사안에 예속되어 중단과 재개를 반복하였고 정부 주도의 단발성 행사 위주의 교류가 많았다. 또한 분단 70년 동안 언어를 비롯하여 체육, 음악, 미술 등 전반에 걸쳐서 이질화된 남북의 사회문화현실을 확인하는 시간임과 동시에 이질화된 북한문화를 다양성으로 이해하고 수용할 수 있는 우리의 인식과 자세의 부족을 확인하는 시간이기도 하였다. 70여년의 시간만큼 멀어진 남북한의 사회문화적 거리를 좁히기 위해서는 이질화된 것의 동질화가 아니라 달라진 북한문화에 대한 차이의 인정을 통해 문화적 다양성과 공존을 추구하는 자세로의 전환이 필요하다. 이러한 인식 제고와 더불어 남북 간의 사회문화교류협력의 지속성을 확보하는 방법이 모색되어야 한다.

지속적인 남북사회문화교류협력의 추진을 위해서는 첫째, 대북제재 하에서 사회문화를 비롯한 다양한 분야의 남북교류협력 확대를 위해서는 남북교류협력에 대한 국민적 공감대의 확대가 필요하다. 현재 시민사회 주도로 추진되고 있는 통일국민협약을 위한 사회적 대화의 틀 안에서 남북교류협력에 대한 공감대 형성을 위한 사회적 대화를 촉진할 필요가 있다. 또한 시민사회는 이 과정을 통해 남북교류협력을 위한 민관의 협력적 거버넌스의 구축에 필요한 시민사회내부의 분야별 네트워크를 구축해야 한다. 둘째, 사회문화교류의 확대와 내용과 방식에서의 다변화를 추진해야 한다. 남북협력기금의 사회문화협력기금 할당제를 도입하여 사회문화교류협력을 확대하고 음악공연위주의 문화예술교류에서 벗어나서 미술/사진전시, 영화제작, 방송제작 및 교류 등의 영역으로의 다변화를 추진해야 한다. 셋째, 지방자치단체의 참여 및 역할을 확대해야 한다. 중앙정부보다 유연하게 그리고 민간단체들보다는 상대적으로 공공성과 일관성을 보다 더 확보할 수 있다는 점에서 중요한 역할을 수행할 수 있다. 넷째, 남북협력기금법 제8조 기금의 용도에 북한여성지원을 포함한 남북여성교류협력사업에 대한 지원을 포함해야 한다. 다섯째, 남북한교류협력과 충돌하는 국가보안법 개정에 대한 사회적 논의와 정비도 필요하다. 여섯째, 2007년에 합의한 남북사회문화교류협력추진위원회의 구성과 남북사회문화협정의 체결 등이 요구된다.

4. 남북여성교류 현황과 과제

1) 남북여성교류 현황

1991년 1월 "아시아의 평화와 여성의 역할"이라는 주제로 남북여성들이 처음으로 동경에서 만났다. 이우정 국회의원이 1990년 일본부인회의 시미즈 스미꼬(清水澄子) 회장을 만나, 북한여성과의 만남을 부탁하였고 이에 일본 여성단체가 한반도 분단해소와 아시아의 평화를 위한 남한-북한-일본 여성의 연대를 촉구하면서 남북한 여성계에 세미나의 개최를 제의함으로써 성사되었다. 이후 1991년 1월(1차, 동경), 1991년 11월(2차, 서울), 1992년 9월(3차, 평양), 1993년 4월(4차, 동경)까지 4차례에 걸쳐 개최되었다. 이후 5차 세미나 개최를 요구하였으나 북한의 연기로 중단되었다.

1991년 1월에서부터 2015년 12월, 25년 동안 26회의 교류가 있었고 이들 중 16건이 김대중·노무현 정부시기인 1998년부터 2007년까지에 집중되어 있다. 그 이후 2008년과 2014년, 2015년에 한 차례씩 남북여성교류가 있었으나 이명박·박근혜 정부를 거치면서 사실상 중단되었다고 할 수 있다. 그동안의 남북여성교류는 평화와 통일, 일본군위안부 문제, 6.15공동실천 문제 등 민족적 과제를 중심으로 진행되어 왔다. 공통의 민족적 과제를 다루는 남북여성교류일지라도 남북한의 정치적 이해에 따라 성사되지 않은 것도 적지 않았다. 그럼에도 남북여성교류는 남북한 간의 적대감을 해소하고 화해와 협력의 분위기를 확장하는데 중요한 기여를 하였다. 주요 성과들을 보면 첫째, 민간교류 차원에서 분단 이후 최초로 상호만남을 이룬 것이다. 토론회와 대회 등을 통해 남북한 지도자급 여성들이 만남으로써 정부 중심의 교류형태에서 민간여성들이 주축이 되어 교류협력을 시도하였다는 점에 큰 의의가 있다. 둘째, 남북한 여성들이 공동의제를 토론함으로써 문제해결을 위한 연대활동을 지속적으로 펼쳤고 국제 활동까지 연계하여 상호 이해와 신뢰를 지속적으로 쌓아나갔다는 것이다. 셋째, 통일과 남북관계에 대한 여성들의 인식변화와 여성역할의 중요성이 부각되는 계기가 되었다는 점이다.[5]

5 장혜경. “남북한 여성교류의 현주소와 활성화방안”. KPI칼럼(한반도평화연구원). 2009년4월

〈표 8〉 남북한 여성교류 성사된 현황(1989-2015년 12월 현재)

일시	장소	남측주체	북측주체	내용
'91.1	동경	이효재(한국여성단체연합회) 등 3명	여연구(최고인민회의 부의장)등 3명	제1차 아세아의 평화와 여성의 역할 토론회 - '아세아의 평화와 여성의 역할'
'91.11	서울	이효재(한국여성단체연합회) 등 3명	여연구(최고인민회의 부의장)등 15명 방남	제2차 아세아의 평화와 여성의 역할 토론회 - '가부장제 문화와 여성, 통일과 여성, 평화와 여성'
'92.9	평양	이효재(한국여성단체연합회) 등 30명 방북	여연구(최고인민회의부의장)등	제3차 아세아의 평화와 여성의 역할 토론회 - '민족대단결과 여성의 역할, 일본의 식민지 지배와 전후책임, 평화창조와 여성의 역할'
'93.4	동경	이우정(국회의원)등 11명	여연구(최고인민회의 부의장)등 13명	제4차 아세아의 평화와 여성의 역할 토론회 - '일본의 식민지 지배와 전쟁책임과 전후보상, 아세아 평화, 한반도 통일의 실현을 위해 우리는 무엇을 할 수 있는가?'
'93.10	동경	정대협	북한종군위안부 및 태평양전쟁 피해보상대책위원회 (종태위)관계자	제2차 종군위안부 아시아연대회의 참가(10.20~25)
'93.11	평양	정대협 (이효재등 2명)	종태위	일본의 전후처리문제에 관한 평양국제토론회 참가
'98.7	동경	정대협 (정진성등 4명)	조선인강제연행 진상조사단(홍상진 등)	일본의 전시하의 강제연행에 관한 동경심포지움 참가
'98.10	북경	정대협 (윤정옥등 6명)	종태위(부위원장 박명옥)등 8명	일본군위안부문제와 여성의 인권에 관한 남·북·일본 여성의 3자 회합 (10.2)

일시	장소	남측주체	북측주체	내용
'99.9	평양	우리민족서로돕기 (이길녀등 6명)	조선여성협회 (홍선옥등 3명)	남북여성교류협의
'00.3	상해	정대협 (정진성등 10명)	종태위 (박명옥등 3명)	일본군 위안부 문제 해결을 위한 상해 국제 심포지엄 참가 (3.30~4.1)
'00.6	평양	이희호 여사등 여성계 대표	여원구 등 북측 여성계 대표	북측 여성계 대표 접촉
'00.7	필리핀	정대협 (윤정옥등 7명)	종태위 (황호남서기, 정남영등 4명)	「2000년 일본군 성노예전범 국제법정」 마닐라 국제실행위원회 및 국제검사단 모임 참가
'00.10	평양	지은희(한국여성단체연합)등 3인	조선여성협회	노동당기념행사 참관차 방북시 접촉
'00.12	연변	장필화등 10명	김일성종합대학 (궁영숙교수등 4명)	남북한 및 중국 조선족 여성의 삶 관련 학술회의
'00.12	동경	정대협 (윤정옥등 150명)	종태위 (홍선옥대표, 정남영, 황호남 등 11명)	「2000년 일본군 성노예전범 국제법정」에 일본천황 공동기소
'01.2	평양	한국여성지도자연합 (김윤덕등 10명)	조선여성협회 (홍선옥등 2명)	「남북여성하나되기」토론회 개최
'01.8	평양	민화협, 통일연대여성위원회 (이효재등 22명)	조선민주여성동맹(최창숙) 조선여성협회(서옥선) 민화협 여성부(박영희)	6.15선언 실천을 위한 남북여성통일토론회

일시	장소	남측주체	북측주체	내용
'01.9	캐나다	이우정(평화를 만드는 여성회) 등 7명	홍선옥(조선여성협회) 등 5명	한국의 평화와 통일을 위해 연대하는 여성들 회의 참가
'02.10	금강산	2002 민족공동행사추진본부 여성위원회(353명)	조선여성협회관계자	6.15 공동선언 실천과 평화를 위한 남북 여성 통일대회
'05.9	평양	한국여성단체연합(100명)	6.15 북측위 여성분과위원회	2005 남북여성통일행사
'06.3	금강산	6.15 남측위 여성본부(30명)	6.15 북측위 여성분과위원회	6.15 공동선언 실천을 위한 남북여성대표자회의
'07.5	평양	6.15 남측위 여성본부(9명)	6.15 북측위 여성분과위원회	남북여성대표자모임(6.15남북측 여성분과위)
'08.5	금강산	6.15 남측위 여성본부(20명)	6.15 북측위 여성분과위원회(12명)	남북여성대표자회의(6.15남북측 여성분과위)
'08.11	평양	전국여성연대(16명)	조선민주여성동맹	남북여성교류방안 토론회
'14. 3.28-3.30	중국 심양	정대협(윤미향 대표 등 24명)/6.15 해외측 여성분과위원회(10명)	조선민주여성동맹(김명숙 부위원장 등 10명)	조선일본군 성노예 및 강제연행 피해자문제 대책위원회
'15 12.23	북한 개성	한국여성단체연합, 한국천주교여성수도회장상연합회, 한국YWCA등 60명	조선민주여성동맹, 조선천주교협회, 6.15공동실천 북측위원회 등 43명	민족의 화해와 단합, 평화와 통일을 위한 남북여성들의 모임(공연 및 그림, 공예품 전시 등 문화교류)

자료: 김원홍 외 (2015)

그러나 이러한 성과에도 불구하고 남북한 여성교류협력은 한계를 안고 있다. 첫째, 남북여성교류는 다른 남북교류와 마찬가지로 국제정치적 상황이나 남북한의 정치적 이해에 따라서 성사여부가 좌우되어 지속성이 확보되지 않았다. 둘째, 남북교류의 주체들이 소수의 여성들을 중심으로 이루어졌다는 점이다. 즉 남측은 민간 여성운동가들이었고 북측은 정부조직의 여성들이었다. 또한 교류 일정이 행사중심으로 이루어져 그 성과가 일반여성에게 파급되지 못하였다. 따라서 일반여성들과의 접촉이나 일상생활에서 여성들의 삶을 느끼고 대화할 수 있는 기회를 갖기가 어려웠다. 셋째, 교류협력의 공동의제에 관한 것이다. 민족공동행사의 틀 안에서 남북여성교류들이 추진되어 여성문제나 여성인권, 성차별 등에 대한 문제의식을 공유하지 못하였다. 민족적 의제에 밀려 여성의 권익향상 등의 여성관련 의제들은 부차적인 것으로 유보되었다. 단지 남북여성들 사이에 여성문제에 대한 개념이나 인식 그리고 해결방식 등에서 확연한 인식의 차이가 있다는 사실만을 간접적으로 확인하는 단계에 그쳤다는 것이다.[6] 따라서 남북여성교류의 질적 양적 확대를 위해서는 여성의제에 대한 인식의 차이를 좁혀나가야 한다. 이를 위해서는 남북한 여성들의 교류협력을 위한 여성의 삶과 직결된 공동의제의 발굴과 실천을 위한 노력이 강화되어야 한다. 즉 남북한 여성들의 실제생활과 관련한 의제들을 중심으로 한 교류, 즉 일상의 교류로 전환되어야 한다.

6 김숙임. "여성이 참여하는 남북사회문화교류 발전방향." 민주평화통일자문회의 62차 여성위원회 자료집. 2006년 4월 6일.

2) 평화경제시대와 남북여성: 일상의 교류

문재인 대통령은 지난 3.1운동 100주년 기념사를 통해 신한반도체제 구상을 발표하였다. 신한반도 체제는 우리가 주도하는 새로운 100년의 질서로서, 새로운 평화협력공동체와 새로운 경제협력공동체를 구축하는 것으로 이를 통해 한반도 평화경제의 시대를 열어나갈 것을 다짐하였다. 남과 북이 함께 만들어갈 평화협력의 질서로서 두 개의 축, 평화협력과 경제협력의 선순환관계의 구축을 목표로 한다. 한 개의 축은 한미공조와 북미대화의 타결 그리고 국제사회의 지지를 바탕으로 비핵화를 달성하여 항구적인 평화협력공동체를 구축하고 다른 하나의 축은 3대 경제협력벨트의 구축과 한반도 신경제구상과 연계한 경제협력공동체를 구축하는 것을 의미한다. 이를 통해 평화가 경제이익을 촉진하고 동시에 경제이익이 평화를 보장하는 한반도 평화경제시대를 만들겠다는 비전이다.

따라서 남북여성이 한반도 평화경제시대를 주도하기 위해서는 여성들의 일상적인 삶과 경험 및 관점이 반영된 남북여성 평화경제발전 전략이 요구된다. 거시적인 민족적 의제 중심의 교류에서 여성가족과 관련된 생활 속 의제들을 중심으로 일상의 교류로의 전환이 그것이다. 그동안 민족적 의제에 가려졌던 '여성과 가족', 그리고 '이들이 중심이 되는 생활의제들'을 전면으로 끌어내 상호 호혜적인 교류를 추진해야 한다. 이를 위해 진보·보수 및 사회단체 여성계의 교류, 중앙과 지방의 여성계 교류, 계층별·직업별 여성계의 교류 등 다양한 측면에서의 교류확대를 통해 남북여성교류를 대비한 거버넌스를 구축해야 한다.

또한 '시장'을 매개로 한 남북여성의 교류협력을 적극적으로 만들어내야 한다. 북한에는 500여개에 달하는 시장(장마당)이 활발하게 운영되고 있어 시장사회라고 해도 과언이 아니며, 특히 그 시장의 중심에 여성이 서 있다. 여성은 소비자로서만이 아니라 생산자와 유통자로서, 다양한 형태로 시장과 연관되어 있다. 따라서 시장을 매개로 한 여성교류, 예를 들어 개성시장나들이 혹은 평성시장나들이와 같이 소비자로서의 남한여성과 생산자(유통자)로서의 북한여성이 만날 수 있는 장을 제공하여 생활자로서의 남북여성들의 교류협력을 활성화해야 한다. 따라서 이러한 남북한 여성들의 필요를 충족시킬 수 있는 교류협력의 의제들을 발굴하고 실천하기 위해서는 남북여성들이 함께 참여하는 남북여성교류협력추진위원회의 구성이 필요하다.

5. 결론

2000년 6.15남북공동선언으로 본격적인 남북교류협력의 시대를 열었고 그 후 19년의 시간이 지났다. 초기 김대중-노무현 정부시기에 활발했던 남북교류협력은 이명박-박근혜 정부를 거치면서 거의 중단되었다. 문재인 정부 들어 남북교류협력의 재개를 위한 노력들이 가시화되었지만 국제적 대북제재로 인하여 큰 진전을 이루지 못하고 있다. 여기에 북미회담의 결렬로 남북관계도 다시 경색되면서 교류의 물꼬를 트기가 쉽지 않은 상황이다. 이러한 상황에서 인도적 사안을 포함한 사회문화의 남북교류협력은 남북관계의 진전을 위한 마중물로서의 기대가 적지 않다. 그러나 교류협력은 상호적인 것으로 한쪽의 요구와 노력만으로 이루어질 수 있는 것이 아니다. 따라서 사안의 시급성과 대북제재라는 현실을 고려하여, 적극적이면서도 유연한 접근이 요구된다.

대북 인도적 지원과 이산가족 상봉 등과 같은 시급한 사안에 대해서 국제적 원칙과 기준에 입각하여 보다 적극적으로 추진해야 한다. 특히 이산가족 상봉에 대해서는 남북이 이미 9.19평양선언에서 합의한 내용들이 있기 때문에 이의 이행을 북한에 적극적으로 요청해야 한다. 또한 문화예술체육 등 사회문화교류는 당장의 교류제안도 필요하겠지만 지속성확보를 위한 법제도의 정비와 국민적 공감대 확산을 위한 사회적 대화를 추진해야 한다. 이질화된 문화에 대한 차이의 인정을 통한 문화적 다양성과 공존이라는 인식으로의 전환이 요구되기 때문이다. 또한 북한사회의 변화를 고려하여 여성주도의 남북교류를 추진할 필요가 있다. 그동안 남북여성은 평화의제에 대한 공감대가 형성되어 있을 뿐만 아니라 분단 이후 최초의 민간교류를 이루었던 역사도 갖고 있다. 이러한 역사성과 공감대의 기초아래 남북여성교류는 기존의 민족의제 중심의 교류에서 여성과 가족 등과 관련된 일상생활의제 중심의 교류로 전환해야 한다. 북한사회의 시장화로 인해 북한여성의 생활양식은 크게 변화되었다. 이러한 변화를 수용하여, 시장을 매개로 한 생활자로서의 남북여성교류협력을 추진해볼 필요가 있다.

▒ 참고문헌

김원홍·김은주·이수연·.장혜경. 2015. 『평화통일실현 여성사회협약연구』. 한국여성정책연구원.

이규창·김수암·민태은·이우태·하범식. 2018. 『사회문화교류협력 및 인적 접촉 활성화방안』. 통일부.

이용화·홍순직. 2014. 『80세 이상 고령 이산가족을 위한 긴급대책 필요』. 현대경제연구원.

통일부. 2018. 『2018 통일백서』. 통일부.

한반도를 평화를 위한 지자체의 역할, 서울시를 중심으로

황방열 | 서울시 남북협력추진단장

1. 서울시 남북교류협력사업 추진전망

● 올해 초 신년사 등을 통해 남북정상이 교류협력 확대 의지를 표명함에 따라, 본격적으로 남북교류협력이 전개될 것으로 기대하였으나, 제2차 북미정상회담 합의 결렬로 국면 전환이 불투명한 상황

- 북한이 신년사 등을 통해 남북정상회담 합의사항 이행, 개성공단 및 금강산 관광의 조건 없는 재개, 서울 답방약속 이행 등 교류협력 확대 의지 표명
- 그러나, 제2차 하노이 북미정상회담 합의가 결렬됨에 따라 북미간 비핵화 합의 전까지는 본격적 남북교류 답보 상태가 지속될 것으로 예상

● 다만, 올해 북한의 식량난 및 교역량 감소에 따라 인도적 지원 및 경제협력에 대한 요구가 증가할 수 있을 것으로 예상

- 북한 식량 부족량 136만 톤 전망, 2008년 이후 식량 생산량 최저 수

준(WFP)

- 전년대비 북한 대외무역 15% 감소(KOTRA), 외국기업 대북투자 32% 급감(UN)

● 남북교류협력사업은 남북-북미관계 등 정세변화에 따라 유동적 대처가 필요한 사업으로 장기적 관점에서 지속적인 추진 필요

- 2018년 세 차례의 남북정상회담과 한 차례 북미정상회담을 계기로 남북관계 진전 및 교류협력을 위한 신뢰가 형성
- 올해 들어 제2차 하노이 북미정상회담 합의 결렬로 남북미 관계 조정단계 진입했으나, 장기적으로 한반도 평화 정착을 위한 여정의 일부로 판단

● 특히, 남북정상은 지난해 9월 평양 정상회담에서 지자체간 교류협력을 더욱 활성화해 나가기로 뜻을 모았음

- 김연철 통일부 장관도 취임사에서 '분권과 협치'를 강조하면서 앞으로 남북관계의 외연이 확대되고 교류협력이 활성화될수록 지자체의 역할도 커질 것으로 전망하고 지자체 차원에서 다양한 남북교류협력사업이 추진될 수 있도록 체계적으로 지원할 것을 약속
- 현재 전반적인 정세가 교착국면에 있어서 지자체간 남북교류가 활성화되고 있지 않지만 이 국면을 넘어서면 지자체 교류도 탄력을 받을 것이라고 봄
- 서울시는 2016년부터 서울-평양 도시협력 3대 분야, 10대 과제를 선정하는 등 오랫동안 남북교류협력사업을 발굴하고 준비해왔음

2. 서울시 남북교류협력사업 주요 추진현황

■ '선택과 집중'을 통한 랜드마크성 사업 집중 추진

● 2032 하계올림픽 서울-평양 공동 유치를 통한 도시교류 활성화

- 2032년 하계올림픽 공동유치 활동을 통해 서울-평양 간 문화, 예술, 체육 등 다양한 분야의 교류협력 활성화를 도모
  - ▸올림픽 공동유치를 위한 선제적 대응 및 서울-평양 협력체계 신속 구축
  - ▸올림픽 공동유치 활동 계기, 다방면의 교류협력 기회 모색
- 서울시와 평양시가 참여하는 '(가칭)서울-평양 공동협력단' 구성 추진
  - ▸서울시, 남북 정부·유관기관, 민간 전문가 등 참여
  - ▸올림픽 공동 준비를 비롯한 다방면의 서울-평양 교류협력사업 전반적 논의

● 대동강 수질개선 등 환경협력사업 추진

- 북측의 관심사항인 대동강 수질개선을 통해 서울-평양 간 다방면의 협력사업을 견인하고 지자체 남북교류의 모범사례로 추진
  - ▸UN의 지속가능발전목표(깨끗한 물 공급, 건강한 삶 보장) 실현을 위한 인도적 성격의 환경협력으로 추진
  - ▸안정적인 민관 거버넌스 운영을 통해 지속가능한 사업 실행력 확보
- 대동강 수질개선 협력을 위한 추진체계, 기본구상 등 마련을 위해 서울시·통일부·환경부 등 범정부적 협의 지속
- 안정적이고 지속가능한 민관 거버넌스 구축·운영

▸수질·환경 분야 전문가 위촉으로 북한 현지 실정에 맞는 사업계획 검토

● 지속가능한 서울-평양 협력체계 구축 추진

- 국제사회의 대북제재로 인해 추진이 어려운 경제개발협력 분야 등의 사업을 제재 완화 시 본격적이고 효율적으로 실행할 수 있도록 사전 협력체계 구축

▸세미나 형식의 과제별 논의구조 출발, 협력사업 협의의 장(포럼)으로 발전

▸남북교류 경험과 접촉선이 있는 유관기관 등과의 협업을 통한 실행력 제고

■ **비정치적 분야의 실행 가능한 교류협력사업 발굴·추진**

● 영양개선 등 긴급구호 지원 및 재난재해 지원

- 북한 전체 인구의 40%가 식량 부족 상태로 긴급 지원이 요구되며, 특히 영유아·임산부 등 취약계층의 영양상태가 심각한 것으로 파악되는 등 북한의 식량 위기는 인류의 보편적 가치라는 차원에서 논의하고 고민해야함. 대북 식량 지원은 북측의 인도적 상황을 개선할 수 있는 것으로 향후 북측과의 신뢰 관계 형성에도 긍정적 영향을 미칠 것임
- 북민협·월드비전과 협력하여 밀가루 등 대북 지원 및 모니터링 실시
- 민간단체·유엔 세계식량계획(WFP)와 협력하여 대북 식량지원 추진

〈유엔 세계식량계획(WFP) 공여를 통한 대북 식량 지원〉

■ **추진배경**

- 김성 UN 주재 북한대사, UN에 긴급식량 지원 요청('19.2.21)
- '대북 식량 지원' 관련 한미정상 공감(유선협의)('19.5.7)
- 정부 WFP 등 국제기구에 800만 달러 우선공여 발표('19.5.17)
  ※ 서울시장, WFP 사무총장 대북 식량 지원 요청에 협력의사 표명(5.14)
- 서울시장, WFP 공여를 통한 100만 달러 대북 식량 지원 계획과 함께, 추후 국내 대북지원 민간단체의 인도적 지원사업에 대한 지원 적극 검토 계획 발표('19.5.28)

■ **추진단체** : 유엔 세계식량계획(WFP) (사무총장 : David M. Beasley)

■ **공여금액** : 100만 달러(12억원 내외) ※ 지출일 기준 환율 적용

■ **추진계획(안)**

- 품 목 : 영양강화 시리얼(슈퍼시리얼), 영양강화 비스켓
- 대 상 : 연인원 20만명(5세 이하 영·유아 및 아동 33,000명×6개월)
  ▶ WFP가 지원하는 60개 보육시설의 신원 확인된 아동에게 6개월간 지원
- 모니터링 : WFP 평양사무소 중심 책임 진행
  ▶ 가공식량 생산시설, 수혜분배현장, 대상자 영양개선 상태 점검 등

● 체육·문화·예술·역사·관광·생태환경·스마트시티 등 다양한 분야의 교류협력 추진

- 서울-평양 통일축구대회 정례화 추진
- 서울-평양 문화·예술·역사·관광 분야 교류협력 추진
- 서울-평양 생태환경 협력사업 협의
- 평양 스마트시티 플랫폼 구축을 위한 기반조성 및 협력 등

■ 시민이 공감하는 평화통일문화 조성을 위한 평화·통일 교육 확대 등 추진

● 평화통일문화 확산을 위한 교육 확대 및 다양화

- 다양한 시민계층이 참여하는 교육을 통해 한반도 평화·통일 및 남북

교류 협력에 대한 시민공감대를 확산시키고자, 민간단체 공모 및 자치구 지원 등 시민주도 평화·통일 교육을 확대 및 다양화

- 시민 관심과 교육수요를 반영하여 전년 대비 교육사업 지원을 2배 이상 확대
  - ▸민간단체 공모('18년 18개 → '19년 34개 단체)
  - ▸자치구 지원('18년 6개 → '19년 15개 자치구)
- 남북교류 민간단체 역량 강화를 위한 민간단체 실무자 역량강화 개설 및 운영, 평화·통일 미래인재 양성을 위한 서울청년 평화아카데미 개설 및 운영, 청년리더 양성 프로그램 운영 등 추진

● 시민공감형 평화통일문화 조성사업 추진

- 시민 참여기회를 확대하고 다양한 시민사회단체와의 연계를 통해 공감과 지지를 바탕으로 한 평화통일문화 조성
  - ▸학생부터 노인층까지 전 세대가 참여할 수 있는 평화통일문화 조성
  - ▸온라인, 오프라인 등 다양한 채널을 통해 시민과의 소통 공간 마련
- 2018 서울 평화통일 원탁회의, 4·27 남북정상회담 1주년 기념 학술회의 개최 등
  - ▸관련 전문가와 남북교류 관련 단체회원, 일반시민 등 모여 한반도 평화 및 남북관계 등에 대해 논의
- 4·27 남북정상회담 1주년 기념, 판문점 선언 1주년 기념행사 협력 및 지원 등
- 평화·통일 시민 아이디어 공모전 추진
  - ▸학생부터 노인까지 전 세대를 아우를 수 있도록 유튜브 콘텐츠, 정책브랜드, 스토리텔링 등 다양한 공모 분야 마련

3. 지자체 남북교류협력 활성화를 위한 제도개선 방안

■ 지방자치단체 남북교류협력 관련 주요 논란

● 남북교류협력 추진 주체로서 지자체의 법·제도적 위상 미비

- 현재 지자체의 남북교류협력 관련 최대 현안은 지자체 남북교류의 법·제도적 위상 미비에 따른 주체성 논란임
- 그러나 현행 「남북교류협력에 관한 법률」과 「남북관계 발전에 관한 법률」 등 남북관계 관련법들이 남북교류협력을 촉진하기 위해 제정한 법들이고, 남북교류협력의 주체를 '협력사업을 하려는 자'로 넓게 규정하고 있음
- 1999년 1월에 지자체 최초로 제주도가 대북 감귤 지원사업을 통일부 승인을 받아 실시한 이후 여러 지자체가 꾸준히 지원해 왔다는 점에서 법·제도 미비로 지자체의 남북교류협력 주체성을 거론하는 것은 형식적 논의이자 지자체의 남북교류협력을 저해하는 '발목잡기'로 오히려 지자체들 간 갈등, 나아가 남남갈등을 부추길 우려가 있음
- 그럼에도 불구하고 지자체의 남북교류협력 주체성을 보장하기 위한 별도의 법·제도 마련 노력은 적극적으로 지지함

● 남북교류협력분야 중앙정부의 과도한 권한(중앙집권적 남북교류협력)

- 지자체의 남북교류협력 주체성 논란의 본질은 오히려 그 동안 중앙정부가 남북교류협력을 정치군사적 이유로 관리하면서 과도한 권한을 행사했다는 것임
- 통일부는 남북교류협력관련 법들과는 별개로 「인도적 대북 지원사업

및 협력사업 처리에 관한 규정」이라는 자체 규정을 만들어 대북지원 사업자를 '남한 주민(법인 및 단체에 한한다) 가운데 통일부 장관이 지정한 자'로 명시하고 지자체를 대북지원 사업자로 불인정해 왔음

※ 그 동안 통일부는 지자체를 대북인도지원 사업자로 지정하겠다는 입장을 밝혀왔으나 여전히 반영되지 않고 있음

● 지자체의 남북교류협력사업 경쟁적 추진 및 중복 우려

- 남북관계 개선에 대한 기대감으로 지자체들이 일제히 남북교류협력사업 구상 발표, 대북 접촉, 조직 신설·확대, 기금 확충 등에 나서고 있음
- 이는 지자체의 남북교류협력을 체계적으로 준비 및 추진하기 위해 선행되어야 할 사항이나 남북-북미관계 교착 국면에서 실속 없는 경쟁으로 비칠 수 있음
- 그리고 각 지자체의 남북교류협력사업이 준비 단계라고는 하나 일부 북측 사업 지역이 겹치거나 내용이 중복되는 것이 있어 지자체들 간 조율을 통한 조정이 필요한 상황으로 이를 뒷받침할 법·제도 마련 필요

※ 이와 관련, 정부(통일부)는 '지자체 남북교류협력 정책협의회'를 정례적으로 실시하고 있고 '지자체 남북교류협력 가이드라인'을 작성·배포

※ 대한민국시도지사협의회는 남북교류협력분야에서 지자체들 간의 경쟁 및 중복을 방지하고 특색 있는 남북교류협력을 활성화하고자 각 시·도의 추천을 받아 민간전문가 20인으로 구성된 남북교류협력 특별위원회 출범

■ 지방자치단체의 남북교류협력 활성화 관련 법·제도 마련 방향

● 중앙정부-지자체 조율·협력을 원칙으로 한 분권형 남북교류협력 법제화

- 남북이 군사적으로 대치하고 있는 상황에서 중앙정부가 정치·군사 분야의 주도권을 갖는 것은 당연하지만, 이를 이유로 남북교류협력을 과도하게 통제하고 관리하는 것은 지방자치제도 시대와 취지에 맞지 않음
- 현재 각 지자체는 남북의 정치군사 사안은 중앙정부가 전담하되 남북교류협력사업은 지자체가 중심이 되어 수행할 수 있게 보장해 줄 것을 요구하고 있음
- 따라서, 대북정책과 남북관계에서 중앙정부와 지자체의 책임과 권한 범위를 분명히 규정하고 지자체의 자율성을 보장하는 분권형 법제도 마련 필요
- 중앙정부는 북한과 군사외교분야를 포함해 민족경제의 균형적 발전과 민족 동질성 회복을 위한 남북협력 중장기 전략 및 정책을 담당하고, 지자체가 이런 전략과 정책을 바탕으로 남북교류협력사업을 전적으로 수행하는 중앙과 지방의 이원적 구조 또는 분권형으로 제도화하는 것이 바람직할 것임

  ※ 분권형 남북교류협력을 위한 우선 조치로 개성 남북공동연락사무소 내 광역지자체 사무국 개설 조치 허가 등 선결 고려

● 지자체의 남북교류협력사업 연속성과 지속성에 대한 법적 책임 명시

- 지자체의 남북교류협력과 관련해 중요하게 생각해 봐야 할 것은 북측이 지자체를 중앙정부의 하위 단위 아니면 민간단체와 동일시하는 경향이 있다는 것임
- 북측에 우리 지자체에 해당하는 지방정부(협력 파트너)가 부재하고, 지자체가 중앙정부에 비해 남북교류협력분야에서 책임과 권한이 모

호한 것이 원인으로 이런 인식이 계속될 경우 지자체의 조직과 역량에 비춰 남북관계 발전에 기여할 수 있는 부분을 제한할 수 있음

- 또한 지자체가 남북교류협력 분야에서 지자체들 간 그리고 민간단체와 협력보다는 경쟁 관계를 조성할 수 있으며, 지자체의 남북교류협력 참여를 통한 남북한 접촉면을 축소하고 민족경제의 균형적 발전을 저해할 수 있음

※ 그간 지자체의 요청에 따라 남북정상회담 및 남북고위급접촉 및 회담 계기 지자체의 남북교류협력에 대한 의향을 지속적으로 북측에 직간접 전달하였으며, 그 결과 북측 역시 지자체와 남북교류협력에 대한 의사를 보이고 있으나 지자체와 협력할 파트너 또는 공식 창구가 부재하여 민간단체를 통한 우회 지원을 요구하고 있는 실정임

- 무엇보다 현재 북측이 우리 지자체에 대해 갖는 가장 큰 우려는 지자체장이 임기 4년의 선출직으로 남북교류협력사업의 연속성과 지속성을 담보하기 어렵다는 것으로 북측으로서는 남북교류협력의 불확실성을 고려해 지자체를 민간단체와 동일시하는 것일 수도 있음
- 이런 측면에서 중앙정부도 마찬가지이나 현직 지자체장이 북측과 합의한 남북교류협력사업은 정치적 이해관계를 떠나 후임 지자체장이 연속성이나 지속성을 갖고 추진할 수 있도록 책임을 부과하는 법적 기반 필요
- 이는 단지 해당 지자체(장)의 남북교류협력 성과를 떠나 남북 상호 신뢰관계의 문제이자 각 지자체 구성원들의 지지와 신뢰를 얻기 위해서도 중요한 사항임
- 뿐만 아니라 북측이 지자체를 지속가능한 남북교류협력사업의 핵심 주체 및 행위자로 인식하고 사업 지역 매칭(안배)과 협력 파트너 또

는 창구 개설 등 지자체 남북교류협력사업의 효과성과 지속성을 확보할 수 있을 것으로 기대

● 지자체 남북교류협력의 체계적 관리를 통한 '지속성·효과성·호혜성' 중시

- 지자체의 남북교류협력은 이제 형식적인 주체성 논의에서 벗어나 어떻게 하면 남북교류협력을 통해 남북관계 균형 발전과 민족 동질성 회복에 기여할 수 있는지 실질적인 방법 논의로 이행 필요
- 즉, 이는 분권형 남북교류협력의 핵심으로 지자체의 남북교류협력에 관한 법·제도의 핵심 내용은 남북교류협력사업 수행 관련 형식요건(특례, 자격, 승인, 허가 사항 등)을 규정하는데 그치지 말고 실질적인 결과와 성과를 낼 수 있도록 뒷받침해야 함
- 대북 인도적 지원사업의 경우 향후 협력사업 규모와 기간 등을 감안하여 모니터링 등 개선 방안 논의 필요
- 무엇보다 남북교류협력의 성과를 극대화하고 지속가능성을 높이기 위해서는 국민이나 시민이 지지하고 납득할 수 있는 수준의 사업수행 및 관리·평가 방식에 대한 제도 보완 필요
- 뿐만 아니라 지자체들 간의 사업 중복 등 경쟁으로 인한 비효율 문제를 방지하기 위해 상호 정보 공유 등 지자체 간 남북교류협력분야 거버넌스도 필요
- 그리고 북측 역시 기존의 일회성 인도적 지원을 벗어나 인프라 등 중장기 개발지원 또는 개발협력을 원하는 만큼 이에 맞는 남북교류협력을 준비하고 수행하되 지자체 구성원들 또한 남북교류협력을 통해 직간접적인 혜택을 누릴 수 있도록 제도적 장치를 마련해야 함

부록

남북정상회담 19주년 기념 학술회의 및 기념식

6.15 남북정상회담 19주년 기념 학술회의 기조강연

- 6.15와 한반도평화프로세스

임동원 | 서울시 남북교류협력위원장, 전 통일부장관

오늘 6.15 19주년을 맞이하며 한반도 평화와 통일을 주제로 학술회의를 개최하게 된 것을 축하드리며, 여러분과 함께 의견을 나누게 된 것을 기쁘게 생각합니다.

미-소냉전이 종식된 지난 30년 동안 한반도에서도 냉전을 끝내고 평화와 통일을 이룩하기 위한 힘겨운 노력이 경주되었습니다. 일정한 성과도 거두었습니다. 그중에서도 2000년 남북정상회담과 6.15남북공동선언은 남과 북이 함께 자부하고, 전 세계가 찬사를 보내는 가장 획기적이고도 중요한 역사적 대사건입니다.

김대중 대통령은 분단 역사상 최초의 남북정상회담을 통해 민족의 염원인 통일을 어떻게 성취할 것인가에 대한 남북의 공통인식을 도출했습니다. 그리고 남북이 화해 협력을 실천하는 새 시대를 열었습니다. 다른 한편으로는 미국의 참여를 이끌어 한반도 냉전을 끝내기 위한 평화의 프로세스를 추진했습니다.

한반도평화프로세스 추진

1998년에 집권한 김대중 정부는 햇볕정책을 추진합니다. 남북 화해와 교류 협력을 통해 북한의 변화를 도모하고 평화를 만들어 '사실상의 통일' 상황을 실현하고자 한 것입니다.

다른 한편으로는 한반도 냉전구조 해체를 위한 노력을 병행 추진합니다. 미-소냉전 시기에 한반도는 미-소 양대진영의 전초기지 역할을 수행하면서 냉전체제가 구조화되었습니다. ① 남북의 불신과 대결 관계, ② 미-북 적대관계, ③ 대량파괴무기를 비롯한 군비경쟁 ④ 군사정전체제 등이 한반도 냉전구조를 형성하고 있습니다.

이 요소들은 서로 밀접한 연관성과 상호의존성을 지니고 있어 어느 한 요소만을 분리하여 해결할 수 없는 것이 냉엄한 현실입니다. 한반도평화프로세스를 통해 포괄적으로 그리고 단계적으로 평화를 만들어 가며 냉전구조를 해체해 나가야 합니다. 평화가 전부는 아니지만 평화 없이는 아무것도 이루지 못합니다.

한반도 문제에 깊이 개입해 있는 미국이 북한과 적대관계를 해소하지 않는 한 남북관계 개선이나 한반도 평화와 통일은 기대하기 어렵다는 것이 냉엄한 현실입니다.

김대중 정부는 '한반도 냉전구조 해체를 위한 포괄적 접근전략'을 클린턴 행정부에 제시하고 설득하여 대북 포용정책 공조를 이끌어냅니다. 그

요지는 이러합니다.

"북한의 핵이나 미사일 문제는 미·북 적대관계의 산물이다. 대증요법(對症療法)으로는 해결할 수 없다. 한반도 냉전구조 해체를 위한 근본적이고도 포괄적인 접근으로 평화프로세스를 통해 해결해 나가야 한다." "미국이 북한을 적대시하고 북한이 위협을 느끼는 한 북한은 대량파괴무기 개발 유혹에서 헤어나기 어렵다." "미국 일본 한국이 북한과의 적대관계를 해소하고 관계를 정상화해야 한다. 또한 군사정전체제를 평화체제로 전환하여 한반도 평화를 보장하면서 핵·미사일 문제도 해결해 나가야 한다"는 것입니다.

우리 정부의 제의를 수용한 클린턴 행정부는 한·미·일 3국 포용정책 공조로 북한과의 관계개선 노력을 시작하는 등 '한반도평화프로세스'를 추진하게 됩니다.

클린턴 대통령은 "한반도 문제는 김대중 대통령이 주도해 주기 바란다"며 "김 대통령이 핸들을 잡아 운전하고 나는 옆자리로 옮겨 보조 역할을 하겠다"고 약속했습니다. 그리고 이 약속을 끝까지 지켰습니다.

이러한 상황 진전을 배경으로 6.15남북정상회담이 성사됩니다.

'과정으로서의 평화통일' 모델에 합의한 6.15 남북 정상회담

역사적인 6.15남북정상회담의 가장 크고 중요한 성과는 남과 북이 처음으로 민족의 염원인 통일문제를 논의하고 공통인식을 도출했다는 사실입니다.

분단 역사상 처음으로 상봉한 남북의 두 정상은 남북관계 개선과 한반도 평화를 위해서는 통일문제에 대해 남북간 어느 정도의 공통인식이 있어야 한다는 데 공감합니다. 남북관계 개선 문제를 통일문제와 분리해서는 생각할 수 없다는 것입니다. 상대방이 적화통일이나 흡수통일을 기도한다고 서로 의심한다면 남북관계는 개선될 수 없다는 것입니다. 두 정상은 진지한 논의를 통해 '과정으로서의 평화통일' 모델에 인식을 같이하게 된 것입니다. 그 요지는 이러합니다.

[자주의 원칙] 통일은 반드시 남과 북이 힘을 합쳐 자주적으로 이룩해야 한다. 통일은 외세의존이 아니라 우리가 주도하여 국제적 지지와 협력을 얻어 이룩해야 한다. 배타적 자주가 아니라 '열린 자주'를 말하는 것입니다.

[평화의 원칙] 통일은 우리 민족의 지상과제요 우리가 꼭 달성해야 할 목표지만 반드시 평화적으로 이룩해야 한다. 민족의 공멸을 초래할 무력통일이나 상대방을 굴복시켜야 하는 흡수통일은 통일방안이 될 수 없다. 평화를 만들어 가며 통일을 이룩해야 한다는 것입니다.

[통일은 과정] 평화적 통일은 갑자기 이룩할 수 있는 것이 아니다. 점진적 단계적으로 이룩해 나가야 한다. “통일은 목표인 동시에 과정”이라는 것입니다.

국내외정세가 정치적 통일을 허용하지 않는 상황에서 우리가 취할 슬기롭고도 현실적인 방도는 우선 남북이 평화공존하면서 서로 오고 가고 돕고 나누며 경제 사회 문화적으로는 통일된 것과 비슷한 ‘사실상의 통일’(de facto unification) 상황부터 실현해야 한다. 그리고 ‘법적 완전통일’을 지향해 나가야 한다는 것입니다.

[남북연합] 평화와 통일의 과정에서 당면하게 될 여러 가지 과제들, 이를테면 경제통합 군비감축 평화체제구축 통일법규제정 등을 남북이 합력하여 해결하고 관리해야 한다. 이러한 변화와 창조의 과정을 남북의 두 정부가 공동으로 추진하고 관리해 나가기 위해 협력기구인 ‘남북연합’을 구성 운영해야 한다는 것입니다.

김정일 위원장은 체제를 달리하는 남과 북이 즉각적인 2체제 연방제 통일부터 하자는 북측의 ‘고려연방제 통일방안’은 냉전시대의 유물이며 비현실적인 것이라고 인정했습니다. 그는 연방제가 되려면 외교와 군사권을 통합해야 하는데 현실적으로 군대 통합이 불가능하다는 것을 잘 알고 있었습니다. 그리고 체제를 달리하는 남과 북이 서로 협력하고 평화공존하며 ‘남북연합’을 거쳐 점진적으로 통일을 지향해 나가야 한다는 남측의 방안이 합리적이고 현실적이라고 동의한 것입니다.

다만 북측은 그 명칭을 '낮은 단계의 연방제'로 호칭한다고 주장했습니다. 그리고 6.15남북공동선언(제2항)을 통해 "남과 북은 나라의 통일을 위한 남측의 연합제안과 북측의 낮은 단계의 연방제안이 서로 공통성이 있다고 인정하고, 앞으로 이 방향에서 통일을 지향해 나가기로 한다"고 합의하게 됩니다.

[실천을 통한 신뢰 조성] 평화와 통일의 과정을 추진하기 위해서는 상호신뢰 조성이 긴요하며, 그것은 말로서가 아니라 교류 협력의 실천을 통해서만 가능하다는 것입니다. 따라서 남과 북은 "경제협력을 통하여 민족경제를 균형적으로 발전시키고, 사회 문화 체육 보건 환경 등 여러 분야의 협력과 교류를 활성화하여 서로의 신뢰를 다져나가기로" 합의합니다.

이 '과정으로서의 평화통일' 모델은 우리의 '민족공동체통일방안(1989)'과 궤를 같이하는 가장 합리적이고 현실적인 것으로서 미국과 중국 등 한반도에 이해관계를 가진 국가들이 지지하는 방안인 것입니다. 사실상 6,15 이후 남북간의 통일논쟁이 수그러들었습니다.

6.15의 다섯 가지 의의

6.15남북정상회담의 의의를 다섯 가지로 요약할 수 있을 것입니다.

첫째, 6.15남북정상회담은 우리 민족이 나아갈 평화통일의 길을 밝혀 주었습니다.

통일은 우리가 달성해야 할 목표인 동시에 과정으로서 자주와 평화의 원칙에 따라 점진적 단계적으로 이룩하되, '남북연합'을 구성하여 통일의 과정을 남북이 공동으로 추진하고 관리해야 한다는 것입니다.

둘째, 6.15남북공동선언은 즉각 실천으로 이어진 실천선언입니다.

우선 5대 중점 협력 사업을 선정하고 실천했습니다. DMZ 지뢰를 제거하여 끊어진 철도와 도로를 연결하고 하늘길과 바다길도 열어 분단 후 처음으로 남북을 오갈 수 있게 되었습니다. 이산가족이 상봉하고, 여러분야에서 접촉과 왕래, 교류와 협력이 추진되었습니다. 동쪽에는 금강산관광단지, 서쪽에는 경제공동체의 발판이 될 개성공단을 건설 운영하였습니다.

셋째, 6.15는 남북 화해 협력의 새 시대를 열었습니다.

반세기 불신과 대결을 넘어 남북의 접촉과 교류, 교역과 경제협력이 활기를 띠기 시작하면서 시민참여의 공간이 넓어지고 서로 상대방을 잘 알 수 있게 되었습니다. 적대의식이 수그러들고, 긴장이 완화되고 상호신뢰가 싹트기 시작했습니다. 민족공동체 의식이 함양되면서 통일은 미래의 일이 아니라 현재진행형으로 만들어 가는 것이라는 의식이 확산되기 시작했습니다.

6.15남북공동선언은 10.4남북정상선언(2007), 그리고 2018년에 채택된 4.27판문점선언과 9.18평양선언으로 계승 발전되어 오늘에 살아 있습니다.

넷째, 6.15는 '한반도평화프로세스'를 추동하는 힘이 되었습니다.

역사적인 6.15남북정상회담과 남북관계 개선 노력은 미국과 일본도 북한과의 관계개선에 적극 나서게 하는 추동력이 되었습니다.

미국과 북한은 특사 교환 방문을 통해 양자관계를 근본적으로 개선키로 하는 미-북 공동코뮈니케(2000.10.12)를 채택한 데 이어 미-북 정상회담을 준비하기 위해 미 국무부장관(올브라이트)이 평양을 방문합니다. 일본 고이즈미 총리도 평양을 방문, 정상회담을 통해 수교를 추진키로 하는 평양선언(2002.9)채택합니다. 한반도평화프로세스가 활기를 띠기 시작하면서 드디어 한반도에서도 냉전을 끝내고 평화를 정착시킬 기틀이 마련될 수 있을 것이라는 기대를 갖게 되었습니다.

다섯째로, 6.15는 민족자존을 드높이는 계기가 되었습니다.

민족의 운명이 외세에 의해 좌우되던 우리가, 우리 힘으로 민족문제를 해결할 수 있다는 자신감을 과시하고 민족자존을 드높이는 계기가 되었습니다.

민족문제를 당사자인 남과 북이 합의하면, 미국 중국을 비롯한 국제사회의 지지와 협조를 얻을 수 있다는 것을 확인하고, 민족공조와 국제공조는 서로 대립 모순되는 것이 아니라 상호보완적인 것임을 입증한 것입니다.

우리가 어떤 입장을 취하고 어떤 노력을 경주하느냐에 따라 한반도는 전쟁의 먹구름에 휩싸일 수도 있고 평화의 햇살 속으로 들어갈 수도 있다는 것을 보여준 것입니다.

이렇듯 6.15는 우리 민족이 나아갈 평화와 통일의 길을 밝혀주고 있으며, 남북관계 개선과 한반도평화프로세스의 길잡이 역할을 하고 있는 것입니다.

한반도평화프로세스의 재개

조지 부시 대통령이 집권하여 클린턴의 대북 포용정책을 전면부정(ABC)하면서 한반도평화프로세스가 중단됩니다. 북한정권을 이라크 이란과 함께 '악마'라며 군사적 선제공격으로 제거해야 할 대상으로 선포하고 적대시정책을 추진합니다. 8년간 핵 활동을 동결시킨 '제네바 미-북기본합의'도 파기됩니다.

이에 반발한 북한이 2003년초 핵개발을 재개하면서 한반도의 긴장은 고조되었습니다. 미국의 강력한 군사적 압박과 고강도 경제제재에도 불구하고, 15년 후인 2017년말 북한은 "미국본토를 사정권에 둔 대륙간 탄도미사일(ICBM)을 갖게 되었다"며 "핵무력 완성"을 선언합니다.

한반도는 일촉즉발의 전쟁위기에 휩싸였으나 2018년을 맞으며 대화를 시작하는 놀라운 극적 반전이 일어납니다. 남과 북이 미국의 참여를 이끌어 위기를 기회로 전환하고 평화의 길을 모색하게 된 것입니다.

11년만에 남북정상회담이 재개되어 남북관계의 전면적인 개선에 합의한 데 이어 역사적인 북-미정상회담이 싱가포르에서 개최(2018.6.12.)되어 한반도 냉전을 종식시킬 3대 핵심과제에 합의합니다.

서로 '악마'요 '철천지 원수'라고 비난하던 미-북 양측은 70년 지속된 적대관계를 해소하고 '새로운 북-미관계를 수립'하기로 합의합니다. '한반도평화체제 구축'에도 합의합니다. 한편 북한은 '한반도의 완전한 비핵화'를 약속합니다. '상호신뢰 구축을 통해 추진'해 나가기로 합의한 것입니다. 북-미 정상의 싱가포르 합의는 한반도평화프로세스를 재개할 수 있는 절호의 기회입니다.

미국은 북한의 "핵실험 및 미사일 시험발사 중단"에 상응하여 '한미연합군사훈련 유예'조치를 취했습니다. 쌍중단이라는 대단히 중요한 진전이 이루어진 것입니다.

이제 양측은 이 쌍중단을 유지하며 '완전한 비핵화 과정'과 '관계정상화와 평화체제 구축 과정'에 대해 포괄적으로 합의하고, 서로 줄 것은 주고 받을 것은 받으며 상호신뢰를 구축하면서 단계적으로 동시병행 추진해 나가야 할 것입니다.

전문가들은 완전한 비핵화와 평화체제 구축에는 장기간이 소요되며 10년 이상이 걸릴 수도 있을 것이라 전망합니다. 하지만 내년 미 대통령 선거를 고려할 때 금년 내에 서로 되돌릴 수 없는 불가역적 조치를 취하고 계속 추진해 나가야 할 것입니다.

중요한 것은 지도자들의 정치적 의지와 결단이라 할 것입니다.

북한이 과연 핵무기를 버릴 수 있을 것인가?

북핵문제는 미-북 적대관계의 산물입니다. 적대관계가 해소되지 않는 한 북한은 모든 것을 희생하며 어렵게 만들어낸 핵무력을 결코 버리려 하지 않을 것입니다. 하지만 미-북 적대관계가 해소되고 평화가 보장된다면 핵무력을 보유할 필요가 없게 될 것입니다.

김정은 국무위원장은 "군사적 위협이 해소되고, 체제 안전이 보장된다면, 핵을 보유할 이유가 없다"고 비핵화 의지를 밝히며 이는 '선대의 유지'라 강조했다고 합니다.

나는 김대중 대통령 특사로서 김정은의 부친인 김정일 국방위원장과 몇 차례 솔직하고도 진지한 대화를 나눈 바 있습니다. 내가 받은 인상을 역지사지 입장에서 요약하면 이렇습니다.

그는 미국을 불신합니다. 조지 부시 행정부로 정권이 교체되자 클린턴 행정부와 합의하고 8년간 지켜져 온 모든 합의가 파기되니 미국을 믿을 수 있겠느냐는 것입니다.

그는 미국을 두려워합니다. 항공모함전단, 전략폭격기 등을 동원하여 계속 북한을 위협하니 언제 전쟁이 일어날지도 모른다는 것입니다.

하지만 그는 미국과 관계 정상화를 원합니다. 북한의 생존 발전을 위해서는 초강대국 미국과의 평화공존이 필수적이며 이것이 북한의 가장 중요한 정책목표라는 것입니다.

그러나 그는 핵개발이 불가피하다는 것입니다. 미국이 북한의 반복되는 관계 개선 제의를 거부하고 적대시 정책을 계속하는 상황에서는 체제 생존과 전쟁 억제를 위해 핵개발 이외의 다른 선택이 없다는 것입니다. 그리고 핵무력은 협상력이 될 것이라는 것입니다.

김정은이 말한 '선대의 유지'란 김일성-김정일의 이러한 생각을 계승한 것이라 생각됩니다. 김정은은 이제 핵무력을 완성했으니 미국과의 협상을 통해 관계 정상화와 평화를 비핵화와 교환하려는 것으로 보입니다.

핵을 걸머지고 어렵게 생존하기보다는 핵을 버리고 인민생활 향상과 경제건설에 총력을 집중하는 길을 선택하기로 결단하고 당 결정을 통해 확인한 것입니다. 이 결단이 현실화될 수 있도록 상호신뢰와 여건을 조성하는 것이 비핵화의 길이 될 것입니다.

미국은 과연 북-미관계 정상화와 한반도평화체제 구축에 나설 것인가?

미국에서는 북한과 관계개선하고 한반도에 평화체제가 구축되면 주한미군, 한미안보동맹 그리고 동아시아전략이 흔들릴 수 있다는 우려가 적지 않다고 합니다. 따라서 미국의 국가이익을 위해서는 변화가 아니라 '한반도 현상유지'가 필요하다는 것입니다.

하지만 유럽에서는 미-소냉전이 끝난 후에도 NATO를 유지하고, 독일 등에 미군이 계속 주둔하고 있다는 사실에 주목하게 됩니다. 이는 한반도 평화가 실현되어도 한미동맹과 주한미군 유지가 가능하다는 것을 말해주고 있는 것입니다.

북한을 압박 제재하여 굴복시키려는 접근방법은 북한 핵개발을 저지하지 못했고, 이미 핵무력을 확보한 북한을 굴복시키기 보다는 오히려 사태를 악화시킬 위험이 있습니다.

미국의 결단이 문제 해결의 열쇠라 할 것입니다. 미국은 전쟁을 했던 중국, 베트남과 관계 정상화했고 쿠바 이란과도 수교했습니다. 국제관계에서는 "영원한 적도 없고 영원한 우방도 없다"는 말을 상기하게 됩니다.

강대국 미국이 결단하면 북한과도 적대관계를 해소하고 북핵문제 해결은 물론 한반도평화체제를 구축할 수 있고, 이는 동북아 평화질서 형성에도 크게 기여하게 될 것입니다. 트럼프 대통령에 거는 기대가 큰 이유입니다.

김대중 대통령은 6.15남북정상회담을 통해 '평화통일의 방도'에 대한 남북의 공통인식을 도출하고, 한편으로는 '남북 화해와 교류 협력을 실천'하면서 다른 한편으로는 미국의 참여를 이끌어 냉전을 끝내기 위한 '한반도평화프로세스를 추진'했습니다. 유감스럽게도 그동안 일시 중단되었으나 이제 다시 시작할 기회를 맞고 있습니다.

이 천재일우의 기회를 포착 활용하여 6.15의 정신으로 돌아가 남북관계 개선을 통해 북-미관계 정상화를 견인하여 한반도 비핵화를 실현해야 합니다. 4자평화회담을 개최하여 군사정전상태를 끝내고 '통일을 지향하는 평화체제'를 구축해야 합니다. 결코 '분단을 고착시키는 평화체제'가 되어서는 안 될것입니다.

한반도 평화의 당사자인 남과 북이 '남북연합'을 구성하여, '통일을 지향하는 평화체제'를 확립하고 관리하며 통일을 이룩해 나가야 합니다. 장기간 소요되겠지만 결과 못지않게 중요한 것이 과정입니다. 한반도평화프로세스입니다. 인내심을 갖고 슬기롭게 꾸준히 한반도평화프로세스를 선도해 나가야 할 것입니다. 감사합니다.

6.15 남북정상회담 19주년 기념식 특별강연*

– 6.15가 밝혀준 평화와 통일의 길

임동원 | 서울시 남북교류협력위원장, 전 통일부장관

오늘 우리는 김대중 대통령님을 기리며 뜻 깊은 6.15 19주년을 맞이합니다.

2000년 남북정상회담과 6.15 남북공동선언은 미-소 냉전이 끝난 지난 30년 동안 한반도에서 이룩한 가장 획기적이고도 중요한 성과입니다. 남과 북이 함께 자부하고 또한 전 세계가 한 목소리로 찬사를 보내는 역사적인 대사건입니다.

김대중 대통령은 분단 역사상 최초의 남북정상회담을 통해 평화와 통일 문제에 대한 남북의 공통인식을 도출했습니다. 남북 화해 협력의 새 시대를 열었습니다. 또한 미국의 참여를 이끌어 한반도 냉전을 끝내기 위한 평화의 프로세스를 추진했습니다.

* 기념식은 이희호 여사님 서거로 인해서 개최되지 못했습니다. 특별강연 원고의 경우 미리 받았기 때문에 이 책에 수록합니다.

6.15의 의의

6.15남북정상회담의 의의를 다섯 가지로 요약할 수 있을 것입니다.

첫째, 6.15는 우리 민족이 나아갈 평화와 통일의 길을 밝혀 주었습니다.

6.15남북정상회담의 가장 크고 중요한 성과는 남과 북이 민족의 염원인 통일을 어떻게 이룩할 것인가에 대한 공통인식을 도출했다는 사실입니다.

통일은 반드시 남북이 힘을 합쳐 자주적으로 그리고 평화적으로 이룩해야 한다. 평화적 통일은 갑자기 이룩될 수 있는 것이 아니라 교류와 협력을 통해 점진적 단계적으로 이룩해 나가는 과정이다. 평화통일의 과정에서 해결해야 할 여러 가지 과제들. 이를테면 경제통합 군비감축 평화체제구축 통일법규제정 등을 '남북연합'이라는 협력기구를 구성하여 남북이 합력하여 해결하고 관리하면서 통일을 이룩해 나가야 한다는 것입니다.

국내외정세가 정치적 통일을 허용하지 않는 상황에서 우리가 취할 현실적인 방도는 우선 남북이 평화공존하면서 서로 오고 가고 돕고 나누며 경제 사회 문화적으로는 통일된 것과 비슷한 '사실상의 통일'상황부터 실현하고 완전통일을 지향해 나가야 한다는 것입니다.

이 '과정으로서의 평화통일' 모델은 1989년 국민적 합의를 통해 마련한 우리의 '민족공동체통일방안'과 궤를 같이하는, 가장 합리적이고 현실적인 방안인 것입니다.

둘째로, 6.15공동선언은 즉각 실천으로 이어진 실천선언입니다.

5대 중점 협력사업이 시작되었습니다. DMZ 지뢰를 제거하여 끊어진 철도와 도로를 연결하고 하늘길과 바다길도 열어 분단 후 처음으로 남북을 오갈 수 있게 되었습니다. 이산가족이 상봉하고, 여러 분야에서 교류와 협력이 추진되었습니다. 동쪽에는 금강산관광단지, 서쪽에는 남북경제공동체의 발판이 될 개성산업공단을 건설 운영하였습니다.

셋째, 6.15는 남북 화해와 협력의 새 시대를 열었습니다.

반세기 불신과 대결을 넘어 남북의 접촉과 왕래, 교류와 협력이 활성화되면서 시민 참여의 공간이 넓어졌습니다. 서로 상대방을 더 잘 알 수 있게 되고, 적대의식이 수그러들게 되었습니다. 긴장이 완화되고 상호신뢰가 싹트기 시작했습니다. 화해 협력의 새 시대가 열리기 시작한 것입니다.

6.15남북공동선언은 10.4남북선언(2007) 그리고 2018년의 4.27판문점선언과 9.18평양선언으로 계승 발전되어 오늘에 이르고 있습니다.

넷째, 6.15는 한반도냉전을 끝내기 위한 '평화프로세스'를 추동하는 힘이 되었습니다.

6.15정상회담과 남북 관계개선 노력은 미국과 일본도 북한과의 관계개선에 적극 나서게 하는 추동력이 된 것입니다.

미국과 북한은 특사 교환을 통해 양자 관계를 근본적으로 개선하기로 하는 미-북 공동코뮈니케를 채택한 데 이어 미-북 정상회담을 준비하기 위해 미 국무부장관이 평양을 방문합니다. 일본 고이즈미 총리도 평양을 방문하여 수교를 추진키로 하는 평양선언을 채택합니다. 한반도평화프로세스가 활기를 띠기 시작한 것입니다.

다섯째로, 6.15는 민족자존을 드높이는 계기가 되었습니다.

민족의 운명이 외세에 의해 좌우되던 우리가, 우리 힘으로 민족문제를 해결할 수 있다는 자신감을 과시하고, 우리의 운명을 우리가 주도해 나간다는 민족자존을 드높인 것입니다.

민족문제를 당사자인 남과 북이 합의하면, 미국 중국을 비롯한 국제사회의 지지와 협조를 얻을 수 있다는 것을 확인했고, 민족 공조와 국제 공조는 서로 대립 모순되는 것이 아니라 상호보완적인 것임을 입증한 것입니다.

이렇듯 6.15는 우리 민족이 나아갈 평화와 통일의 길을 밝혀주고 있으며, 남북관계 개선과 한반도평화프로세스의 향도 역할을 하고 있는 것입니다.

한반도평화프로세스의 재개

지금 우리는 지난 10년간의 역주행을 멈추고 한반도평화프로세스를 다시 추진할 수 있는 절호의 기회를 맞고 있습니다.

11년 만에 남북정상회담이 다시 열려 남북관계의 전면적인 개선에 합의했습니다. 한편 지난 70년간 서로 적대시해 오던 북한과 미국이 사상 처음으로 정상회담을 싱가포르에서 개최했습니다. 한반도 냉전을 종식시킬 3대 핵심과제, (1) 북-미관계 정상화 (2) 한반도평화체제 구축 그리고 (3) 한반도의 완전한 비핵화에 합의했습니다. 이 합의가 제대로 이행된다면 한반도의 평화와 통일의 길이 열릴 수 있을 것입니다.

북한은 "핵실험 및 탄도미사일 시험발사 중단 조치"를 취했고, 미국은 '한미연합군사훈련 유예' 조치 취했습니다. 쌍중단 이라는 대단히 중요한 진전이 이루어진 것입니다.

최근 북-미대화가 지체되면서 싱가포르 북-미 정상회담 합의가 과연 제대로 이행될 수 있을 것인가에 대한 두 가지 의문이 제기되고 있습니다.

하나는, "북한이 과연 핵무기를 버릴 수 있을 것인가?" 하는 것입니다.

북한 핵문제는 미-북 적대관계의 산물입니다. 적대관계가 해소되지 않는 한 북한은 어렵게 건설한 핵무력을 결코 버리려 하지 않을 것입니다. 하지만 미-북 적대관계가 해소되고 평화가 보장된다면 핵무기를 보유할 필요가 없게 될 것입니다.

북한 김정은 국무위원장은 "군사적 위협이 해소되고, 체제 안전이 보장된다면, 핵을 보유할 이유가 없다"며 비핵화 의지를 밝혔습니다. 핵을 걸머지고 어렵게 생존하기보다는 핵을 버리고 인민생활 향상과 경제건설에 총력을 집중하는 길을 선택하기로 결단한 것으로 보입니다. 그리고 당 결정을 통해 이를 확인했습니다. 이 결단이 현실화될 수 있도록 상호신뢰와 여건을 조성해 나간다면 비핵화가 실현될 수 있을 것입니다.

다른 하나는, "미국이 과연 적대관계를 해소하고 북한과의 관계를 정상화하는 한편 한반도평화체제 구축에 나설 것인가?" 하는 것입니다.

미국에서는 북한과 관계 정상화하고 한반도 평화체제가 구축될 경우 주한미군, 한미안보동맹, 미국의 동아시아전략이 흔들리게 될 것이라는 우려가 적지 않다고 합니다. 따라서 미국의 국가이익을 위해서는 변화가 아니라 '한반도 현상유지'가 필요하다는 것입니다.

하지만 유럽에서는 냉전 종식 후에도 NATO를 유지하고 있으며 계속 미군이 유럽에 주둔하고 있다는 사실에 주목하게 됩니다. 이는 한반도 평화가 실현되어도 한미동맹과 주한미군이 유지될 수 있음을 말해 주고 있는 것입니다.

미국의 결단이 문제 해결의 열쇠라 할 것입니다. 압박과 제재로는 핵개발을 저지하지 못했습니다. 이미 핵무력을 확보한 북한을 압박하고 제재하여 굴복시키려만 한다면 비핵화는 멀어지고 오히려 사태를 악화시킬 위험이 있습니다. 미국은 싱가포르 합의에 따라 줄 것은 주고 받을 것은 받으며 상호신뢰를 다지면서 단계적으로 추진해나가야 할 것입니다.

미국은 전쟁을 했던 중국 베트남과 관계 정상화했고 쿠바 이란과도 수교했습니다. 국제관계에서는 '영원한 적도 없고 영원한 우방도 없다'는 말을 상기하게 됩니다.

강대국 미국이 결단하면 북한에 대해서도 적대관계를 해소하고, 북핵

문제 해결은 물론 한반도평화체제도 구축될 수 있을 것입니다. 한반도평화체제구축은 동북아 평화질서 형성에도 크게 기여하게 될 것입니다. 트럼프 대통령에 거는 기대가 큽니다.

김대중 대통령은 분단 역사상 최초의 남북정상회담을 통해, 평화통일의 방도에 대한 남북의 공통인식을 도출했습니다. 그리고 한편으로는 남북 화해 협력의 새 시대를 열었고, 다른 한편으로는 미국의 참여를 이끌어 한반도평화프로세스를 추진했습니다. 유감스럽게도 그동안 일시 중단되었으나 이제 다시 시작할 좋은 기회를 맞고 있습니다.

이 천재일우의 기회를 포착 활용하여 6.15의 정신으로 돌아가 남북관계를 개선 발전시켜야 합니다. 그리고 남북관계 개선을 통해 북-미관계 개선을 견인하고 한반도 비핵화를 실현해야 합니다. 또한 4자 평화회담을 실현하여 군사정전상태를 끝내고 '통일을 지향하는 평화체제'를 구축해 나가야 합니다.

한반도 평화의 당사자인 남과 북이 '남북연합'을 구성하여, '통일을 지향하는 평화체제'를 확립하고 관리하며 통일을 이룩해 나가야 합니다. 장기간이 소요되겠지만 결과 못지않게 중요한 것이 과정입니다. 한반도평화프로세스입니다. 평화가 전부는 아니지만 평화 없이는 아무것도 이루지 못합니다. 인내심을 갖고 꾸준히 평화를 만들며 통일의 길로 매진해 나가야 하겠습니다.

감사합니다.

한반도의 평화를 위한 6·15의 해법

박명림 편

펴 낸 곳 연세대학교 대학출판문화원
주 소 서울시 서대문구 연세로 50
등 록 1955년 10월 13일 제9-60호
전 화 02) 2123-3380~2
팩 스 02) 2123-8673
이 메 일 ysup@yonsei.ac.kr
웹사이트 http://press.yonsei.ac.kr
인 쇄 (주)화신문화

2019년 12월 27일 1판 1쇄
ISBN 978-89-6850-376-4 (93340)

값 **13,000**원

이 도서의 국립중앙도서관 출판예정도서목록(CIP)은 서지정보유통지원시스템 홈페이지(http://seoji.nl.go.kr)와 국가자료종합목록 구축시스템(http://kolis-net.nl.go.kr)에서 이용하실 수 있습니다.
(CIP제어번호 : CIP2019052033)